KB003982

다윈의 생애

야스기 류이치 지음 | 박제이 옮김

AK

일러두기

1. 이 책은 국립국어원 외래어 표기법에 따라 외국 지명과 인명 및 상호명을 표기하였다.

2. 서적 제목은 겹낫표(『 』)로 표시하였으며, 그 외 인용, 강조, 생각 등은 따옴 표를 사용하였다.
   예)『종의 기원』,『비글호 항해기』,『지질학 원리』

3. 본문 중, 역자 주로 표기된 것 외에는 모두 저자의 주석이다.
   예)갑충甲蟲(딱정벌레목의 곤충을 통틀어 이르는 말-역자 주)

4. 이 책은 산돌과 Noto Sans 서체를 이용하여 제작되었다.

목차

머리말   4

이렇게 그라는 인간이 완성됐다   9
1. 에든버러에서   11
2. 생가   34
3. 케임브리지에서   54
4. 승선   79

위대한 항해   87
1. 동요(배와 마음의)   89
2. 라이엘의 지질학   105
3. 팜파스와 갈라파고스   122
4. 인간관   136

조용한 다운   153
1. 결혼   154
2. 다운의 생활 1   171
3. 종의 기원 1-자연선택설   191
4. 종의 기원 2-다윈을 둘러싼 학자들   211
5. 종의 기원 3-출간과 파문   230
6. 다운의 생활 2-한결같은 생애의 업적   244

편집 후기   264
부록   266

머리말

　나는, 청년 다윈을 그리고 싶다.

　다윈의 청년 시절에 관해 쓰겠다는 뜻이 아니다. 노인이 된 다윈의 눈을 거치지 않고 직접 청년 다윈을 만나 그 모습을 선명히 그려내고 싶다는 말이다. 그래서 장년의 다윈, 그리고 노년 다윈은 바로 이 청년 시절부터 시작된 인간적 발전이라는 사실을 제대로 인식하고자 한다.

　다윈만큼 수없이 전기傳記가 쓰이고 생애가 사람들에게 널리 알려진 과학자는 없으리라. 하지만 다윈의 전기는 하나같이 그가 만년이 다 되어 쓴 자서전을 중심에 두고 있다. 생각해보라. 노인 다윈의 눈에 자신의 청년 시절이 과연 있는 그대로 비쳤겠는가. 당연히 망각이나 착각도 있을 터이다. 노인의 감상感傷에 젖은 부분도 있으리라. 세상과 가족을 배려한 부분도 있다. 그가 쓴 자서전은 단 몇 장의 스크린을 통해 젊은 시절을 회상한 기록이라 할 수 있다.

물론 그가 학생 시절 쓴 편지도 얼마간 남아 있다. 비글호 항해 중에 쓴 편지는 상당수 남아 있다. 편지 외의 기록도 있다. 그러한 자료는 이제껏 세상에 나온 자서전에 분명 소개되기는 했다. 그러나 자료가 자서전에 걸맞게 처리되어 있다는 점은 부정하기 힘들다.

또한, 이런 생각도 할 수 있겠다. 편지나 일기가 아무리 완전히 보존되었다 하더라도(심지어 다윈의 경우 최근까지도 그것을 발표할 때 가까운 이들이 손을 댔다.) 그것들이 얼마나 정확히 당시의 행동이나 감정을 전할 수 있을까? 어떤 이는 슬프고 초라한 기분을 느낄 때만 일기를 자세히 쓴다. 수많은 사람은 편지나 일기에 특수한 사건만 기록할 뿐 매일같이 오르락내리락하는 소소한 감정까지 기록하지는 않는다. 과학자의 자서전도 그럴 가능성을 상정해야 하지 않을까?

그렇다고 그런 자료가 아무런 도움이 안 된다는 이야기는 절대 아니다. 아니, 아무리 작은 자료라도 귀중하지 않은 것은 없다. 문제는 자료의 처리에 있다. 우리는 인간의 생애를 바라볼 때 모든 인간에게서 볼 수 있는 일정한 성장의 법칙에 의지해야만 한다. 모든 자료를 이 법칙에 맞춰보는 것이다. 어떤 때는 우리가 문학인이 되거나 심리학자가 되어야 할 때도 있으리라. 어쩔 수 없이 대담한 가정과 상상을 해야 할 때도 있다. 하지만 굳이 그곳까지 깊이 들어가지 않으면 진실한, 살아 있는 인간의 모습을 파악할 수 없을 것이다.

청년 다윈을 그리고 싶다는 나의 바람의 근원은 바로 거기에 있다.

노년의 다윈을 그린 결과는 어떨까? 단순히 위인이라고 찬미하는 데 그치거나, 아니면 당시 사회적 배경에 억지로 비집고 들어가 그를 부르주아 속물이라고 멸시하는 데 그치거나 둘 중 하나다.

이 책이 완성됐을 때, 내 의도는 실현되었을까? 그것은 독자의 판단에 맡겨야 할 것이다. 하지만 내가 실패한다 해도 다른 때, 누군가가 내 의도대로 다윈 전기를 써주리라 믿는다.

부록에 쓴 직접적인 자료 외에 'Henshaw Ward : Charles Darwin, The man and his warfare, 1927.' 및 'Nora Barlow : Charles Darwin and the voyage of the Beagle. Unpublished Letters and Notebooks, 1946.'을 주요 출처로 삼았다. 에든버러 시절에 관해서는 주로 아

래 자료를 참고했다.

J. H. Ashworth : Charles Darwin as a student in Edinburgh. Proc. Soc. Edinb., Vol. 55, 97~113, 1935.

M. Prenant : Darwin, 1938. (가쓰야 아리토勝谷在登 역), 고마이 다쿠駒井卓 박사의 『다윈전ダーウィン伝』도 참조했다.

문헌에 관해 배려해주신 구메 마타조久米又三, 야나기타 다메마사柳田為正, 하야시 유지로林雄次郎 씨에게 감사한다.

야스기 류이치

이렇게 그라는 인간이 완성됐다 ▮

벤네비스산 ▲

스코틀랜드 운하

포스만
뉴헤이븐
글래스고 에든버러

스코틀랜드

스톡턴
달링턴 ○

리버풀 맨체스터 잉
스노든산 ▲ 링컨
스탬퍼드
슈루즈베리
버밍엄

아일랜드

웨일스

세번강

글랜드

케임브리지

옥스퍼드
런던 ○ 그리니치
크로이든 ○ ○다운
템스운하

브리스틀해협

사우샘프턴
와이트섬

도버해협

팰머스
플리머스

영국해협

〈 영국 지도 〉
다윈과 특히 관계가 깊은 지명은 검정 동그라미로 표시했다.

1. 에든버러에서

호프 박사의 화학과 약리학 외에는 모든 교수의 강의가 지루했다. 멀리 잉글랜드 서부 슈루즈베리Shrewsbury를 떠나 스코틀랜드에 있는 에든버러대학에 입학한 열여섯 살의 찰스 다윈이 이곳에서 받은 인상은 매우 좋지 않았다.

1825년 가을, 10월에 개강한 신학기부터 수업을 듣기 위해 그는 형 이래즈머스 다윈Erasmus Darwin을 따라왔다. 이래즈머스는 전 학년도에 입학했으나 잠시 고향에 돌아가 있었다. 에든버러는 다윈 일족에게는 인연이 깊은 땅이었다. 진화론의 선구자 중 한 사람으로 기억되는 그의 조부 이래즈머스 다윈도, 이래즈머스의 장자이자 그와 같은 찰스라는 이름을 가졌던 백부도 이곳에서 의학을 공부했다.

1825년은 영국에 세계 최초의 철도가 깔리고 스톡턴Stockton과 달링턴Darlington 사이에 스티븐슨이 발명한 증기기관차가 화물을 싣고 연기를 뿜으며 달렸던 해다. 슈루즈베리에서 300마일(500km 남짓)의 긴 여정을, 소년 찰스는 흔들리는 마차에 몸을 싣고 올 수밖에 없었다. 그러나 그는 어릴 때부터 가족들과 이따금 해안으로 피서를 떠났고, 형과 함께 멀리까지 말을 타고 여행한 적도 있었으므로 이 여정에 불안을 느끼지는 않았으리라. 에든버러는 늘 이야기를 들어 귀에 익은 도시였고, 형은 그곳에 익숙해져 있었다. 개업의로서 잘나가던 아버지 로버트 워링 다윈Robert Waring Darwin도 분명 찰스도 좋은 의사가 될 것이라고 말해주었다. 이 순간, 소년의 가슴을 뛰게 하는 것은 인생의 출발점에 선 기쁨인지도 모른다. 한 전기작가는 이미 이 시절의 다윈이 훗날 그의 아내가 되는 외사촌 누나 엠마 웨지우드Emma Wedgwood에 대한 관심이 생겼을지도 모른다고 했다. 만약 그렇다면 고향인 슈루즈베리와 웨지우드 일가가 사는 메이어를 한동안이기는 하지만 멀리 떠나 낯선 길가의 풍경을 바라보는 그의 가슴이 감상에 젖었을 수도 있다. 하지만 이 전기작가의 이야기에는 꽤 많은 상상이 가미되어 있는 듯하다.

다윈 형제의 하숙집은 대학교 가까운 곳에 있었다. 그들은 각각 침실로 쓸 방 두 칸과 공동 거실로 쓸 방 한 칸, 이렇게 총 세 칸을 빌렸다. 찰스는 입학하자마자 첫 학년도의 수강 신청을 했다. 던컨Duncan 교수의 약물학, 호프 박사의 화학과 약리학, 먼로 교수의 해부·생리·병리학, 마찬가지로 먼로 교수의 외과학 이론과 임상, 그레이엄 및 앨리슨 교수의 임상 강의였다.

교수들의 강의는 찰스의 기대를 저버렸다. 에든버러에 온 지 3개월이 지난 이듬해 1월 6일, 그는 누나인 캐롤라인Caroline에게 보낸 편지에 다음과 같이 썼다.

"즐거운 편지 고마워요. 던컨 교수의 따분한 약물학 강의를 들은 후였기에 무척 위로가 되었어요. 하지만 누나는 강의도, 교수들도 잘 모를 테니 조금만 알려줄게요. 던컨 박사는 너무 박식해서 지식만 가득하고 센스라곤 전혀 없는 사람이에요. 방금 쓴 것처럼 그는 약물학 강의를 하고 있는데, 이 강의라는 게 얼마나 한심한지, 어떻게 말해야 할지를 모르겠네요. 하지만 요 며칠은 얼마간 개선될 기미도 보이긴 했어요. 내 기대에 어긋나지 않았으면 좋겠어요. 그의 강의는 오전 8시에 시작돼요. 호프 박사의 강의는 10시부터인데 나는 그분이 좋고 강의도 무척 좋아요. … 12시에 병원에 가요. 그곳에서 먼로 교수의 해부학 강의에 출석해요. 나는 이 교수와 강의 둘 다 너무 싫어요. 입바른 소리로라도 좋다고는 말 못 하겠어요. 매주

세 번, 병원에서 임상 강의라는 것을 해요. 나는 그게 정말 좋아요⋯."

'좋다', '싫다', '무척'이라는 단어가 연이어 등장하는 면이 다분히 소년다워서 흐뭇하다. 이 편지의 후반부에는 엠마에 대한 전언을 부탁한다는 내용도 있는데, 이번 생일이 지나면 일 년 정도 외국에 가고 싶다는 희망도 적혀 있다.

던컨은 아버지 대부터, 먼로는 할아버지 대부터 교수의 지위에 앉은 2대, 3대째 학자였다. 그들이 그 지위에 걸맞은 실력을 갖추었는지를 훗날 시간이 흘러 조사한 사람이 있다. 학자나 저명한 인물 중에 학생 시절 그들의 강의를 들은 사람들이 쓴 저작이나 수기에 관해 조사했는데, 던컨에 관해서는 확실히 알 수 없다. 먼로는 많은 학생들 사이에서 평판이 좋지 않았던 것 같다. 다윈이 만년 가까이(1876년)에 쓴 『자서전』에는 그가 받은 학교 교육을 일제히 혹독하게 비판했다. 던컨과 먼로의 강의는 '지루해서 어쩔 줄을 몰랐다'고 쓰여 있으며, 겨울 아침 8시의 던컨의 강의는 '떠올리기만 해도 오싹하다'고 했다.

외과 수술에 에테르나 클로로포름이 도입되어 환자의

고통을 없앤 것은 1840년대의 일이다. 찰스가 임상에 나가던 시대에는 수술을 받는 환자가 고통에 울부짖으며 몸부림을 쳤다. 찰스는 그것을 참고 지켜보는 것이 괴로웠다. 그는 결국 두 번이나 수술실을 뛰쳐나오고 말았다. 그중 한 번은 어린아이의 수술이었다.

에든버러에 온 해의 여름, 찰스는 아버지의 진료를 도왔다. 아버지는 진찰해달라고 애원하는 가난한 어린아이나 성인의 증상을 그에게 문진하게 했다. 그는 문진한 내용을 종이에 적고는 아버지 곁에서 소리 높여 낭독했다. 아버지는 진단을 내리고는 그에게 약을 제조하라고 했다. 찰스의 이런 모습은 아버지를 만족시켰으며 아버지의 신임을 얻었다. 그러나 에든버러에 와서 그는 의사는 외과수술 같은 잔혹한 일도 해야 한다는 사실을 알았다. 찰스는 다정한 성격이었고, 그만큼 마음이 약한 면도 있었다. 이 일은 수많은 일화와 기록에 의해 증명되었다. 그의 다정함은 전 생애를 관통하여 보이는 성격인데, 그것은 나중에 다시금 말할 그의 인도주의와도 이어지는 것이리라.

아무튼 이런 사정으로 찰스는 의학에 흥미를 잃었다. 그러나 한편으로 박물학에 대한 흥미는 점차 강해졌다.

이 두 면모는 서로를 더욱 강하게 만든 것으로 보인다. 찰스의 박물학 공부에 관해서는 잠시 후에 쓰도록 하겠다.

찰스의 눈에는 형도 정말로 의사가 될 마음이 있는지 의심스러웠다. 실제로 이래즈머스는 나중에 케임브리지대학교에서 의학 학사 학위는 받았으나 박사는 되지 못했으며, 그것을 업으로 삼지도 않았다. 물론 이런 사정은 있었지만, 평생 사는 데 충분한 재산을 물려받으리란 사실을 몰랐다면 찰스가 의학 수업을 완전히 등한시하지는 않았으리라. 자서전에 따르면 그는 우연한 기회에 자신이 받을 재산의 규모를 알게 되었다. 찰스는 그때부터 의사 수련에 전념할 마음을 완전히 잃었다.

형이 일 년 만에 에든버러를 떠났기에 찰스는 2학년 때는 완전히 자유로워졌다. 그가 수강 신청을 한 것은 치료와 산과 실습, 그리고 박물학 강의뿐이었다.

박물학 교수인 로버트 제임슨Robert Jameson(1774~1854)은 학생들 사이에서 명성을 얻었고, 의대생에게는 필수 과목이 아니었는데도 수강생이 매우 많았다. 그의 전공은 동물학과 지질학이었는데 영국박물관British Museum의 자연과학관 다음이라는 말을 들었던 그곳의 자연사박물관

(현재의 국립 스코틀랜드박물관)을 관리하고 자신의 채집품 중 다수를 이곳에 진열했다. 당시 52세로 학자로서도 전성기였고, 표본을 보여주며 하는 강의가 학생들의 흥미를 끌었다. 당시의 수강생 중 나중에 저명한 학자가 된 인물들 중에도 그의 학식을 높이 평가하는 사람이 몇 있었다. 그런데 다윈은 자서전에서 이 교수를 던컨이나 먼로와 같이 대접했다.

"에든버러 생활 2년째에 나는 모 씨(제임슨)의 지질학과 동물학 강의를 들었는데 이는 지루하기 짝이 없었다[주1]. 그것이 나에게 준 영향이라고 한다면 지질학 책은 평생 읽지 않겠다, 무슨 일이 있어도 이 과학은 배우지 않겠다고 결심하게 한 것뿐이었다."

제임슨의 강의가 그렇게 나빴는지, 아직 어린 학생인 찰스에게 그것을 비판할 힘이 있었는지, 아니면 그가 교제하던 젊은 학자들의 의견이 그에게 영향을 미쳤는지, 이 문제에 관해서는 후세에 다양한 견해가 있다.

주1) 자서전 원본에서는 '모 씨'가 아니라 '제임슨'. 완본 출간까지 그 이름이 밝혀지지 않았다.

이것에 관해서는 다른 사안과 함께 나중에 생각해보기로 하자. 제임슨은 지질학에 관해 극단적인 베르너파 지지자였다. 베르너Abraham Gottlob Werner(1750~1817)는 18세기 후반부터 19세기 초반에 걸쳐 지질학자로서 명성을 날린 인물로, 독일의 프라이베르크 광산대학의 교수였다. 그는 암석 수성론Neptunismus을 강하게 주장했다(베르너의 수성론은 화산활동과 열에 의한 용융작용으로 암석이 형성되었다는 '화성론Vulkanismus'과 대립했다.-역자 주). 또한 제임슨의 동물학 강의에 '동물 철학'이라는 부분이 있었는데 그 제1장이 '동물의 종의 기원'이라는 표제였던 것이 주목받았다고 말하는 사람이 있다(주2). '종의 기원'이야말로 다윈이 일생을 걸고 연구한 주제였기 때문이다.

찰스는 어릴 때부터 무엇이든 수집하기를 좋아했다. 아버지에게 오는 편지 봉투의 문장紋章 같은 것도 있었지만 곤충, 식물, 조개류, 광물 등을 주로 수집했다. 이는 단순히 수집의 기쁨을 느끼는 데 그친 것은 아닌 듯하다. 자신

주2) 이 책 원본 초판 당시의 자료는 아니지만 드 비아 『다윈의 생애ダーウィンの生涯』 (야스기 사다오八杉貞雄 역, 도쿄토쇼, 1978)에 따르면 다윈이 에든버러대학 도서관에서 빌린 책 중에 플레밍 『동물철학』 등이 있었다. 당시 '철학'이라는 말은 원론이라는 의미로도 쓰였으며, 린네 『식물철학』(1751년), 에티엔 조프루아 생틸레르의 『해부철학』(1818년)이 그 예다. 라마르크 『동물철학』(1890년)에서는 종은 일시적으로 불변하는 데 지나지 않는다고 적혀 있다.

도 모르는 사이에 관찰하는 안목도 길러졌으리라. 그는 새의 습성에 흥미를 보인 적도 있었다. 하지만 그 무렵 그의 채집이나 관찰 활동은 과학이라는 이름과는 물론 거리가 먼 것이었다. 에든버러에 온 후 박물학과 함께 특히 동물학에 대한 흥미가 강해졌고, 과학자로서 갖추어야 할 교양의 기초도 다져졌다. 박물학자 다윈을 키워낸 최초의 단단한 토대가 만들어진 것은 이 에든버러 시절이었다고 나는 생각한다. 하지만 이 토대를 이룩한 것은 말할 것도 없이 대학의 정규 수업은 아니었다. 또한, 그가 나이를 먹고 자연스럽게 성장하면서 따라온 결과도 아니었다.

강의를 듣는 데 흥미를 잃은 찰스는 혼자서 박물관(앞서 말한 자연사박물관)에 다니며 그곳에 소장된 표본을 대상으로 박물학 공부를 시작했다. 그의 열성적인 모습이 인정받은 것이리라. 얼마 지나지 않아 그는 선배 둘을 알게 된다. 한 사람은 대학에서 무척추동물 비교해부학을 강의하는 강사인 로버트 에드먼드 그랜트Robert Edmund Grant(1793~1874)로 당시(1826년) 33세였다. 찰스는 그랜트에게서 해양 동물을 연구하는 법을 지도받았다. 또 한 사람은 제임슨의 조수인 맥길리브레이R. Macgillivray(1796~1852)

로 당시 30세였다. 맥길리브레이에게서는 조류의 분류법에 대한 귀중한 지식을 얻을 수 있었다. 그리고 조개류의 표본도 받았다. 이 둘 외에도 친한 관계를 맺은 사람이 몇 명 생겼는데, 그들은 모두 찰스보다 두 살 혹은 네 살 많았다. 자서전에 그들에 대한 추억이 쓰여 있지만 어떤 사람은 이름조차 틀렸다. 이는 만년의 다윈에게 이 시절의 기억이 이미 옅어졌다는 사실을 보여준다[주3].

육지에는 다양한 동물과 새, 곤충이 살고 있지만 동물의 큰 부류로 치자면 바다에 비해 훨씬 적다. 해면동물, 해파리, 산호, 조개류, 두족류, 성게나 해삼, 갑각류, 멍게, 어류 등 육상이나 민물에서는 좀처럼 찾아보기 힘든, 혹은 있어도 종류가 적은 동물 부류, 나아가 무척추동물 부류가 다양한 형태, 색채, 생태를 나타내며 서식하고 있다. 한 손으로 떠 올린 바닷물에도 육안으로는 구별하기 힘든 작은 생명이 수없이 활동하고 있다. 그 속에는 다양한 동물의 알이나 유생(유충)도 매우 많다. 무척추동물의 분류학이나

주3) 그랜트와 맥길리브레이 외에도 그와 교제한 주요 인물은 다음과 같은 사람들이다. 처음에는 지질학, 나중에는 의학을 공부한 에인즈워스Ainsworth(1807~1896), 동물학자인 콜드스트림Coldstream(1806~1863), 의학자인 케이Kay(1807~1879), 약물학자인 파이프Fife(1807~1857), 식물학자인 아딩Arding(1805~1879). 자서전에는 맨 마지막 인물이 Hardie로 잘못 표기되어 있다.

발생학을 연구하기 위해서는 반드시 해양 동물을 관찰해야 했다. 그러나 그런 필요성은 제쳐두고라도, 바다에 사는 동물을 연구하는 것은 큰 즐거움이다. 연구자는 관찰하는 즐거움에 푹 빠지는 동시에 상쾌한 바닷가 생활을 즐길 수 있다. 심지어 그곳에서는 대도시의 연구실 벽 속에서와는 달리 생명의 약동으로 가득 차 있으며 다양한 자태의 변화를 관찰할 수 있다.

그리스의 대★생물학자였던 아리스토텔레스는 기원전 4세기에 소아시아의 해안에서 해양 동물을 관찰했다. 하지만 그로부터 매우 긴 시간 동안 해양 동물의 조직적인 연구에서는 멀어지게 되었다. 또한 대체로 무척추동물의 연구가 진척을 보이지 않았다. 18세기의 유명한 학자 린네Carl von Linné의 분류에서도 무척추동물 부분은 매우 불완전하다. 게다가 동물의 발생학에서는 겨우 19세기의 10년대에 들어서야 척추동물의 비교발생학이 출범하게 된다. 따라서 무척추동물에 대한 연구는 매우 늦어졌다. 19세기 중반에 들어서야 독일이나 스칸디나비아반도의 학자들이 해양 동물의 유생을 조사하는 데 흥미를 갖기 시작했다. 그러나 무척추동물의 발생학이 질서 있게 연구된 것은 실은 다윈의『종의 기원』이 출간된 이후다.

　이처럼 학문의 역사 속에서 프랑스의 라마르크J. B. La-marck(1744~1829)가 수립한 지표는 한층 더 높다. 그는 1790년대, 자신이 이미 50세가 된 무렵에 식물학에서 동물학으로, 심지어 무척추동물학으로 전향했다. 그가 한 일은 연구실에 표본을 모으는 일뿐이긴 했지만, 무척추동물 전체에 걸친 분류에 처음으로 학문적인 질서를 부여했다. 그는 분류 방법이 자연분류여야 한다는 사실을 깨닫고, 그것에 관해 깊이 고민했다. 무척추동물학의 창시자 동시에 라마르크 진화론의 기초를 만들었다는 사실은 매우 의의 있다. 라마르크의『무척추동물지』7권은 1815년부터 7년에 걸쳐 출간되었다. 제1권을 집필할 무렵 저자는 이 연구에 맹목적으로 파고들었다. 그는 딸에게 표본을 조사하게 하고 말로 가르친 후 기록하게 했다.『동물철학』(1809년)과 『무척추동물지』의 서론에 상세하게 기술된 그의 진화론은 당시 세계의 학자들에게 비웃음을 샀다. 그는 무신론자, 유물론자라고 손가락질당했고 생활은 빈궁에 빠졌다. 이 불우한 노학자는 찰스가 에든버러에서 의학을 공부하던 시절에 쓸쓸히 만년의 삶을 이어가고 있

었다. 그는 1829년 말, 파리의 박물관 원내의 뷔퐁Buffon
관에서 85세의 나이로 생을 마쳤다.

1820년대에 무척추동물 특히 해양 동물의 분류와 발생
에 관한 학문적 연구에 임한 학자를 꼽으라고 한다면, 그
에게 선구자라는 명칭을 부여해도 좋으리라. 이미 명성을
얻은 에든버러대학의 강사 그랜트가 그런 사람이다. 그는
1815년부터 5년간, 파리 외의 대륙의 학술도시를 유랑하
며 만년에 가까웠던 라마르크의 강의에도 출석했다. 라마
르크는 학생들을 숨 막히게 할 만큼 열정적으로 강의를 이
어갔다고 한다. 그랜트는 영국에 돌아온 후 종종 해안가
에 나가 해양 동물을 연구했다. 마침 찰스의 에든버러 시
절, 즉 1825년부터 2년간이 그랜트가 열성적으로 일한 시
절이었다. 그는 이 2년간 해면동물, 강장동물, 연체동물,
이끼벌레, 갑각류 등에 관한 논문을 잇따라 발표했다. 그
중 몇 가지는 발생학에도 관계되는 것이다.

다윈은 자서전에 이렇게 썼다. "나는 그[그랜트]를 잘 알
았다. 그는 겉보기에는 냉담하고 형식적인 것 같지만 속
에는 많은 열정을 품고 있었다." 그랜트 외에 또 한 사람,
해양 동물 연구자가 있었다. 찰스보다 세 살 많은 콜드스

트림Coldstream이다. 그는 친절하고 신앙심이 깊은 사람이었다고 찰스의 자서전에 쓰여 있다. 그랜트와 콜드스트림은 찰스에게 해양 동물 연구가 얼마나 흥미로운지를 알려주었다.

그랜트는 이따금 찰스를 에든버러 바로 북쪽에 있는 포스만灣 해안에 데려갔다. 간조 후에 바닷물이 고여 만들어진 웅덩이, 이른바 조수웅덩이tidal pool에서 채집하고 관찰하는 법을 가르쳐주었다. 찰스는 강의실에서 해부를 배우지는 못했으나, 그랜트에게 배워서 그것을 시도했다. 좋은 것은 아니었지만 자신의 해부현미경을 휴대하여 육안으로 볼 수 없는 작은 것들을 보는 것에 흥미를 보였다.

찰스와 비슷한 나이의 소년이라면 아마도 당시 그의 기분이 되어볼 수도 있으리라. 이미 훌쩍 나이를 먹은 성인은 좀처럼 그렇게 하기 어렵다. 인간에게 청춘은 두 번 다시 오지 않는다. 그뿐 아니라 다시 청춘 시절의 기분을 느끼는 것조차 어렵다. 그래서 수많은 과학사가는 자칫 학자의 청소년 시절에 우연히 일어난 사건의 의의를 놓치고 만다. 실제로 인간 한 사람 한 사람의 기초는 태어나서 일정한 나이에 걸쳐 형성된다. 그 나이까지 일어난 사건은 아무리 작은 것이라도 그 사람의 일생에 영향을 주는데 말이다.

찰스는 감수성이 예민하지만 쾌활한 소년이었던 것 같다. 그는 항상 새롭게 흥미를 느낀 것에 두려워하지 않고 뛰어들었다. 그가 해양 동물 연구라는, 아직 젊은 과학을 접하고 관찰 방법에 관한 훈련을 쌓고 제2, 제3의 작은 발견을 할 수 있게 되면서 자연을 연구하는 기쁨을 알게 된 의의는 매우 크다. 이 의의의 크기야말로 우리 자신이 진정으로 찰스의 입장이 되어서 생각해보지 않으면 알 수 없는 것이리라. 우리는 찰스가 바다에서 연구한 것, 아니, 에든버러 시절 전체를 통해 과학 역사의 발걸음의 필연과 인간 개인의 성장에 관한 필연이 교착하여 서로 뒤엉키는 모습을 엿볼 수 있다. 그것이 보인다면 다윈이라는 인간의 기초가 어떻게 다져졌는지 또한 보일 터이다.

필연은 언제나 우연의 모습으로 나타난다. 우리는 우연을 통해 비로소 필연에 다가갈 수 있다. 다음 사건은 과학의 발자취가 드러낸 필연은 결국 위대한 우연이었음을 알 수 있는 일화이리라.

"어느 날 함께 산책을 하는데 그[그랜트]가 갑자기 라마르크와 그의 진화 사상에 관해 매우 감탄하면서 나에게 이야기하기 시작했다. 나는 놀라서 그저 입을 다문 채 듣고 있었다. 그것은 내 마음에 아무런 영향도 끼치지 않았던 것 같다. 나는 그 이전에 내 조부의『주노미아』(Zoonomia, 1794)를 읽었다. 이 책도 마찬가지 견해를 지지하고 있지만, 그 또한 나에게 영향을 주지 않았다. 하지만 젊은 시절에 이러한 사상이 지지와 칭찬을 받는다는 사실을 들은 경험은 결국 내가 이런 사상을 다른 형태로『종의 기원』에 반영하게 만들었으리라는 것도 가능한 일이다. 그 당시 나는『주노미아』에 매우 감격했다. 그러나 10년인가 15년 후에 다시 읽었을 때는 적잖이 실망했다. 들고 있는 사실에 비해 사변이 너무 많았기 때문이다."(다윈 자서전)

이 글에는 얼마간 모순이 있다. 다윈이『주노미아』에 실망한 것은 훗날의 일이다. 소년 시절에는 그것을 읽고 감탄했는데도 그가 조부의 사상에 아무런 영향도 받지 못했다고 단언할 수는 없다. 다윈이 조부나 라마르크를 낮게 평가하는 것은 그들이 사변에만 의지하고 있다, 즉 실증적이지 않다는 것에 주요 원인이 있다. 실증을 중시하는 정신이 다윈의 일생의 과업을 관통하고 있다. 그는 이 정신이 과학의 새로운 발전의 기초를 이루는 것임을 일찍이 깨달았다.

훗날 다윈이 라마르크에게 비난을 퍼붓는 것은 라이엘 Charles Lyell(1797~1875)이 『지질학 원리』에서 라마르크에게 낮은 평가를 한 것에도 영향을 받았다. 하지만 다윈은 소년의 눈에서 볼 때 라마르크에게 반발한 다른 이유가 있었으리라. 그것은 당시 라마르크가 그의 조부 이래즈머스의 저서에 담긴 사상을 '훔쳤다'는 비평이 일었기 때문이다. 실제로 라마르크의 진화 사상은 이래즈머스의 뒤를 쫓듯 등장했고, 두 사람의 사상의 내용도 닮은 부분이 꽤 있다. 단, 학설에 얼마나 체계가 잡혀 있는지를 보자면 라마르크는 이래즈머스 다윈을 훨씬 능가한다. 라마르크가 이래즈머스의 저서에서 힌트를 얻었으리라는 추측은 할 수 있다. 그러나 우리는 라마르크가 자신의 사상이 성장하는 과정을 꽤 높은 정도까지 뒷받침할 근거를 대고 있으므로 그가 전적으로 이래즈머스에게 빚을 졌다고 단언할 수는 없다.

그랜트가 다윈에게 라마르크의 진화론 이야기를 한 것은 라마르크와 다윈 사이에 다리 하나를 놓는 역할을 했다는 점에서도 주목받는다. 그러나 우리의 주목은 그것에만 머물러서는 안 될 것이다. 자연과학의 역사 속에 흐르는 사상은 이따금 하나의 학설이 되어 등장하기 전에도, 또한 그 학설이 사라졌다고 생각된 후에도 학자들의 뇌 속이나 민중의 상식 속에서 성장하거나 연명하기도 한다. 대부분 그것은 학설로서 제기되기 위한 사실의 뒷받침을 기다리는 상태라 할 수 있다.

『종의 기원』 출간 당시에도 사정은 같았다. 이는 현대에조차 적용된다고 볼 수 있다. 라마르크의 진화론은 학계 권위자들에게 심한 욕을 먹었고 겉으로 보기에는 온데간데없이 사라진 듯했지만, 사상의 한 조류로서 세상 사람들의 큰 관심을 계속 끌었던 것이라고 생각해볼 수 있는 이유가 있다. 파리의 아카데미에서 조르주 퀴비에Georges Léopold Cuvier와 에티엔 조프루아 생틸레르Étienne Geoffroy Saint~Hilaire 사이에 논쟁이 일어난 것이나, 라이엘이 저서에서 라마르크설을 공격한 것은 사상의 저류가 바위에 부딪혀 산산이 부서진 비말이라고도 할 수 있으리라.

우리는 찰스가 읽은 책이나 그의 주변에서 오간 대화와 토론을 일일이 알 수 없으므로 그를 감쌌던 사상의 공기를 충분히 이해해야 한다. 그런 의미에서 그랜트의 이야기가 과학이 내디딘 발걸음 속 필연에서 생겨난 우연 중 하나라고 생각하고 싶다.

찰스는 그랜트와 맥길리브레이의 소개로 플리니 학회Plinian Society에 입회했다. 1823년 제임슨에 의해 창립되어 18년간 이어진 박물학자들의 모임이었다. 로마의 박물학자 플리니우스의 이름을 딴 이 학회는 회원이 150명 정도였지만 정례 모임 참석자는 언제나 스물다섯 명 정도였다. 정례 모임은 매주 화요일 저녁, 에든버러대학 지하실에서 열렸다. 1826년도의 간사장은 그랜트였다. 찰스의 입회 날짜는 이해 11월 28일로 되어 있다. 그는 입회 일주일 후에 다섯 명으로 구성된 카운슬(평의원회)의 일원이 되었다. 정례회에서 이루어진 보고의 내용은 인쇄물로 남아 있지 않지만 제목은 회의록에 남아 있다. 그중에는 자연분류에 관해서라든가, 본능에 관해서 같은 것도 있다. 찰스도 한 번 발표했다. 그 외에도 젊은 학생이 의견이나 연구를 발표하는 경우가 있었다고 한다. 자서전에는 완전히 당황하여 허둥지둥했던 어린 발표자의 일화가 실려 있다. 이 청년은 결국 "의장님, 저는 무슨 말을 할 생각이었는지 기억나지 않습니다"라고 말해서 참석자들은 깜짝 놀라 위로조차 하지 못했다고 한다. 찰스는 입회한 후 거의 빠지지 않고 정례 모임에 출석했다. 그가 자신의 연구에 관해 발표한 것은 1827년 3월 27일의 일이었다(주4).

그랜트와 동행하는 것 외에도 찰스는 혼자서 해안가에 나가서 다양한 관찰을 했다. 포스만이 바라보이는 작은 항구 뉴헤븐(에든버러에서 3마일 남짓 거리)의 어부들과 알고 지내며 연구에 쓰기 위한 자료로서 저인망에 걸린 동물을 받았다. 그랜트와 함께 혹은 자기 혼자서 간 해안에서의 연구를 기록한 수첩이 보존되어 있다. 어느 날 찰스는 수면에 떠오른 작은 포상泡狀의 물체를 발견하고는 이게 뭐냐고 그랜트에게 물었다. "그게 푸쿠스Fucus야"라고 그랜트는 간단히 답했다. 그랜트뿐 아니라 그 무렵에는 누구든 그렇게 생각했다. 하지만 찰스는 이 대답에 만족하지 않았다. 그는 그것이 무엇인지 자신의 눈으로 보고 싶었다.

이 소포小胞는 푸쿠스와 같은 갈조褐藻가 아니었다. 그것

주4) 자서전에는 1826년 초의 일이라고 쓰여 있지만 이는 잘못이다.

은 바로 동물의 알을 품는 주머니였다. 이 주머니를 찢고 기어 나온 것은 깨끗한 갈색 벌레, 거머리Pontobdella였다.

찰스는 그 외에도 또 하나의 발견을 했다. 그것은 지금껏 이끼벌레의 알이라고 생각했던 것이 실은 섬모운동 능력을 지니는 유생이라는 사실이었다.

이런 발견이 찰스의 보고 내용이었다. 앞서 말한 바와 같이 플리니 학회에서 발표한 내용은 인쇄물로 남지 않았다. 그러나 그랜트가 자신의 두 논문에서 찰스 다윈의 발견이라는 사실을 명백히 밝히며 이 사실들을 기재했다.

찰스는 플리니 학회 외에도 몇 개의 학회에 가입하여 다양한 학계의 분위기를 접했다. 왕립의학회Royal Medical Society에는 꽤 규칙적으로 참석했지만, 그곳에서 보고되고 논의되는 것은 의학 문제뿐이었으므로 그는 흥미를 갖지 못했다. 그랜트는 때때로 그를 베르너 박물학회Wernerian Society에 데리고 갔다. 미국의 저명한 조류학자인 오듀본의 강의 등이 그의 기억에 남았다. 한 지인과 함께 에든버러 왕립학회Royal Society of Edinburgh에 간 적도 있다. 찰스는 그곳에서 맨 앞자리에 앉아 있는 시인 월터 스콧 Walter Scott을 보았다.

찰스가 의학 공부를 게을리한다는 사실이 아버지의 귀에 들어갔다. 어머니가 없는 아이였던 찰스는 신변에 관한 것을 누나들에게 말하고 알리는 일이 많았다. 그러니 아마도 아버지는 누나들에게 찰스의 근황을 듣고 그 사실을 알게 되었으리라. 찰스에게 다른 직업을 고르게 해야겠다고 아버지는 생각했다. 그는 찰스에게 대학을 그만두고 고향으로 돌아오라고 명했다. 찰스의 수첩에는 4월 23일(1827년)에 해안에 간 것에 관한 기록이 있는데, 이미 그 달 말에는 에든버러를 떠났다. 에든버러에 머문 것은 일년 반 남짓이었다. 사실상 그의 선생이었던 그랜트도 같은 해에 런던의 유니버시티칼리지에 자리를 얻어 떠났다. 그곳의 교수가 된 후로 그랜트는 연구를 하지 않았다. 이유는 모르지만 다윈의 자서전에 쓰여 있다.

다윈의 에든버러 생활에 주목해야 할 것이 몇 가지 있다. 첫째, 그가 대학교수들에게 혹독한 평가를 쏟아내고 형식적인 강의에 철저히 반항했다는 것이다. 교수 중에는 누가 봐도 무능하게 보이는 사람이 있었다는 것도 사실이다. 또한 그 시절의 영국 대학의 제도나 분위기가 매우 자유로웠다는 것도 사실이다. 훗날 영국 대학에서는, 나아가 미국 대학에서도 더는 다윈과 같은 인물을 낳을 수 없다고 오스본은 말했다. 더욱이 다윈에게 의사가 되어 생계를 이어갈 이유가 없었던 것도 사실이다. 하지만 그래도 그와 같은 처지에 있는 사람 모두가 같은 행동을 보인 것은 아니다. 환경은 꽤 달라도 우리의 학창 시절을 돌아보면 에든버러대학에 다니던 시절 다윈이 얼마나 특수하고 의의에 찬 생활을 했는지 확실히 보이리라 믿는다. 그가 에든버러에 온 지 얼마 되지 않았을 때 이미 교수들의 강의를 가차 없이 비판했으므로 비판 정신과 능력은 그의 그때까지의 삶에서 상당히 발달했다고 생각해야 한다. 이렇듯, 이 두 가지는 에든버러 시절에 더욱 발달했다는 증거가 엿보인다.

둘째, 거머리 알에 대해 그랜트의 설명에 승복하지 않았던 그의 회의懷疑 정신과 관찰력이다. 이 또한 그때까지의 생활에서 싹이 보였으나 에든버러에서 더욱 길러진 면모다.

에든버러 시절의 생활은 다윈의 인간적 기초를 완성하는 데 큰 발판이 되었다. 과학자로서의 제일의 기초도 이곳에서 다져졌다.

2. 생가

'노예제도'의 야만성은 지옥에 떨어진 개보다 더 추악하다. ―이래즈머스 다윈

이래즈머스 다윈Erasmus Darwin(1731~1802)은 키가 크고 우직한 인물이었다. 그의 의사로서의 능력은 정평이 나 있었다. 런던에서 의사 한 명이 리치필드에 있는 그의 집까지 찾아왔다. 이 의사는 다윈 박사를 '세계 최고의 의사'라고 부르며 그에게 진찰을 간청했다. "워런 박사에게 가보시오"라고 다윈은 말했다. 하지만 "제가 워런 박사입니다. 나는 당신에게 내 몸이 얼마나 버틸지 진찰을 받으러 왔습니다"란 답변이 돌아왔다. 워런은 다윈 박사의 진찰대로 2주 후에 죽고 말았다. 조지 3세도 그의 명성을 알고 있었다. 왕은 "왜 다윈은 런던에 오지 않는 겐가? 오면 내 어의로 삼을 텐데"라고 말했다.

이래즈머스는 말을 더듬었고, 술을 입에 대지 않았으며, 비꼬기를 좋아했다. 약간 변칙이지만 시를 짓고, 식물학 연구에 빠졌으며, 기술에도 관심이 있었다. 기차의 발명을 40년이나 빨리 예언했다고 한다. 60세 전후에 쓴 『식물

원』,『주노미아』,『자연의 전당』등 세 저작은 꽤 많은 사람
에게 읽혔고, 그 덕에 더욱 유명해졌다. 그는 무신론자가
아니었을 뿐 아니라 무신론을 공격하기까지 했다. 그러나
워낙 권위에 사로잡히지 않는 사람이라, 자유롭고 대담한
사색의 결과를 공표했다. 자유주의와 혁명에도 호의를 보
였으며, 미국의 독립이나 프랑스 혁명이 성공하기를 바랐
다. 루소와 서신을 교환했고, 뷔퐁이나 엘베시우스 등 18
세기 프랑스 계몽사상가의 저서를 읽었다. 지각 표면이
끊임없이 일정한 변화를 지속한다고 말한 지질학의 혁명
가인 영국인 학자 제임스 허튼과도 서신을 주고받았다.
사회의 발달을 지향하는 사람들의 모임인 '루나 학회Lunar
Society'(주1)에도 소속되었다. 그런 의미에서 진보적인 사상
가였던 이래즈머스는 노예제도를 격렬히 증오했다. 『주노
미아』는 1794년에 출간되었으며 총 2권으로 이루어진 저
작이다. 이래즈머스의 진화 사상이 이 책에 담겨 있다. 그
에 따르면 모든 동물은 같은 생명 '필라멘트'(실처럼 생긴 것)

주1) 루나 학회Luna Society('만월회'라는 이름으로도 번역되었다.-역자 주)는 버밍엄에 생긴 학
자·기술자·사업가를 포함한 모임으로, 와트와 웨지우드에서도 회원이 되었다.
산업혁명 추진파로 간주된다. 그런 면은 사회의 진보를 지향하고 새로운 사회
관을 낳았다. 루나 학회는 보름달이 뜨는 밤에 회합을 열었다. (D. King~Hele,
Doctor of Revolution, The Life and Genius of Erasmus Darwin, 1977)

에서 생겨났는데, 각기 다른 자극과 감수성 같은 필라멘트에서 다양한 형태를 발달시켰다.

그는 그 시대에 영국에서는 아직 새로운 과학이었던 비교해부학 지식도 가지고 있어서 그것이 그의 설 중 하나의 기초를 이루었다. 포유류에 속하는 다양한 동물이 서로 비슷한 구조를 지니는 것은 그것들이 같은 것에서 발달했다는 사실을 증명한다고 그는 생각했다.

사실 이래즈머스의 생각에는 이상한 점도 많다. 동물의 진화라는 필라멘트는 정자에서 상상한 것이다. 그는 배아(태아)의 기본이 되는 것은 정자로, 알은 정자에 영양을 공급할 뿐이라는, 예부터 전해오는 정자론자의 사상을 이어받았다. 태어나는 아이의 성은 수태할 때 남자(동물의 수컷)의 마음 상태에 의해 결정된다고도 썼다.

손자인 찰스가 조부를 신뢰하지 않았던 것은 이래즈머스의 이러한 공상과도 같은 생각에 그 원인이 있었으리라. 아니, 찰스뿐 아니라 그의 아버지, 그러니까 이래즈머스의 아들인 의사 로버트 워링 다윈Robert Waring Darwin(1766~1848)도 이런 공상을 비웃었다. 이래즈머스는 자기 아들인 로버트 워링에게 경의를 표하며 '슈루즈베리의 다윈 박사'라는 이름을 저서에 거론했고, 『주노미아』에는 제1권 마지막 부록을 그에게 쓰게 했으나 로버트 워링은 워낙 실제적인 사람이라 모든 공론을 싫어했다. 그는 부모의 격한 감정이 태아에게 영향을 준다는, 지금도 사람들이 믿을 법한 내용조차 비웃었다. 찰스가 자연 연구에서 언제나 사실을 중시하고 이론으로 앞서가는 것을 피한 것은 아버지에게서 배운 부분이 많았으리라. 하지만 수집한 방대한 사실을 위대한 학설 체계로 정리해내는 능력은 조부의 저서에서 영향 받은 부분이 없다고는 할 수 없다.

이러한 의미에서는 찰스는 다윈가家의 유산을 훌륭히 살린 인물이라 할 수 있다. 그러면 찰스에 이르기까지 다윈의 가계를 조금 더 넓게 살펴보자.

다윈가의 선조는 링컨주 북부에 사는 요맨Yeoman(과거 영국에서 젠트리와 빈농 사이에 위치했던 중간층 농민을 가리킨다. -역자 주) 계층이었다. 요맨은 젠트리Gentry(귀족 지위는 없으나 가문의 휘장을 사용하도록 허락받은 유산 계층. 영단어 젠틀맨Gentleman이 여기에서 유래했다. -역자 주) 다음 계층으로, 신분으로나 경제적으로나 상당히 자유로워진 농민층을 말한다[주2]. 16세기

주2) 토지를 영유하고 그 토지에서 1년에 20파운드 이상의 소작료가 걷히는 이를 젠틀맨이라고 했고, 그 호칭을 젠트리라고 한다. 연 수입이 40실링 이상, 20파운드 이하인 자가 요맨이다. 요맨 아래에는 농노가 있다. 다윈의 선조의 성은 Darwent, Darwen, Darwyn 등으로 쓰였다.

초에 게인즈버러Gainsborough와 가까운 마턴Marton에 살던 윌리엄 다윈부터 7대째 손자인 엘스턴의 로버트 다윈에 이르기까지, 혁명의 시대에 일시적으로는 타격을 받았으나 각자의 직업이나 정치상의 변동, 부잣집 딸과의 결혼을 통해 재산이 점점 늘었다. 소유지는 아들들 사이에서 분할되기는 했어도 전체적으로 보면 매우 증가했다. 이윽고 다윈가 사람은 젠틀맨이라고 부르게 되었고 지식 계층에 포함되었다. 엘스턴의 로버트 다윈의 아내는 교양 있는 여성이었는데, 이 부부가 낳은 자식 중 한 명이 이래즈머스다. 이래즈머스의 형 중에도 식물학 연구자가 있었다. 이래즈머스는 첫 번째 부인과의 사이에서 세 명의 아들을 얻었다. 장남인 찰스가 앞서 말한 것처럼 에든버러에서 의학을 공부한 인물로 가난한 민중의 치료에 헌신했으나 젊은 나이에 죽었다. 셋째가 바로 찰스 다윈의 아버지인 로버트 워링이다. 이래즈머스는 두 번째 부인과의 사이에서 1남 1녀를 두었다. 그 딸이 낳은 아들이 우생학의 창시자인 프랜시스 골턴Francis Galton(1822~1911)으로, 대박물학자 찰스 다윈의 고종사촌 동생이다.

로버트 워링은 키가 2m에 달했고, 몸무게는 110kg을 넘는 보기 드물게 건장한 체격의 소유자였다. 그는 열아홉 살 때 네덜란드의 레이던대학교Universiteit Leiden에서 의학 학사 학위를 땄다. 그로부터 2년 후에 아버지 이래즈머스는 그를 슈루즈베리에서 개업하게 했다. 그는 아버지와 백부에게서 얼마간 금전적 지원을 받아 병원을 시작했는데 금세 성공해서 매우 부유해졌다. 의사로서도 명성을 얻었지만 인품도 훌륭했다. 특히 마을 사람들에게서 신뢰를 얻어서 많은 사람이 가정사까지 그에게 의논했다. 그는 진단이나 치료를 할 때도, 다른 생활에 관한 일에 관해서도 모든 것을 척척 처리했다. 집 안에서는 꽤 폭군이었다는 말도 있지만, 아이들의 독립심을 존중하는 태도가 전혀 없었던 것도 아니었다. 찰스는 이런 아버지에 대해 한없는 애정과 존경을 품었다. 이런 감정은 아버지가 세상을 떠난 후에도 그의 만년까지 이어졌다. 의학을 신뢰하지 않았다는 찰스도, 과거 아버지가 지시한 치료나 양생 방법을 나중까지도 지켰다.

로버트 워링은 서른 살 때 한 살 많은 수재나 웨지우드 Susannah Wedgwood(1765~1817)와 결혼했다. 그녀의 아버지 조사이어 웨지우드Josiah Wedgwood는 유명한 도예가였다.

북北스탠퍼드주의 불모지가 그 덕에 다수의 인구를 보유한 대규모 도자기 제조지가 되었다. 그곳에서 팔리는 '에트루리아Etruria 도자기'는 전 세계인의 사랑을 받았다. 웨지우드는 화학, 예술에도 조예가 깊었다. 그가 도자기로 성공을 거둔 이유는 이런 학문에 대한 지식과 재능 덕택이었다. 또한 웨지우드는 이상을 지녔고, 민중에 대한 애정도 있었다. 그는 공공사업을 원조하고, 학교를 세우고, 노동자를 위해 '모범마을'을 만들었다. 그와 이래즈머스 다윈은 친하게 교류했다. 이 또한 그가 지식이 풍부한 공장주였기 때문이었다.

이런 인물을 아버지로 둔 찰스 다윈의 모친 수재나Susannah는 남동생인 조사이어 웨지우드 2세와 함께 좋은 교육을 받고 자랐다. 다른 사람에게 행복을 느끼게 하는 다정한 사람이었다고 한다. 하지만 그녀는 찰스가 여덟 살 때 세상을 떠났으므로 찰스는 모친에 대해 뚜렷이 기억하고 있지는 않다. 그가 서른 살 즈음에 쓴 추억의 단편을 봐도, 만년에 쓴 자서전을 봐도 그녀의 검은 가운이나 작업 책상을 어렴풋이 기억하고 있다는 사실만이 쓰였을 뿐이다. 그러나 역시 어린 소년에게는 어머니의 죽음이라는 사건이 마음에 한으로 남았으리라. 모친의 유해가 뉘어 있던 침대의 모습은 아주 나중까지 그의 눈에 선했다고 한다.

이렇듯 다윈의 가계는 점점 유복해졌고, 동시에 지식 계급이 되어갔다. 빛바랜 권위를 내세우며 뻐기거나 조상이 물려준 것을 잃을까 봐 필사적으로 매달리는 귀족 계급도 아니었으며, 그렇다고 사회 한구석에서 근근이 살아가는 서민 계급도 아니었다. 영국 사회의 발전과 함께 점차 표면으로 드러나 지도자 반열에 들어서기 시작한 계급이었다.

영국에서는 18세기 후반부터 19세기 초반에 걸쳐 산업혁명이 대륙의 다른 나라들보다 먼저 진행되었다. 영국의 자본주의는 상업자본의 지배 단계에서 산업자본의 지배 단계로 점차 전환했다. 이 전환의 시기에 획을 긋는 해는 1813년 혹은 1815년이라고들 한다. 산업자본에서 금융자본으로 지배 수단이 이동하는 1870년 무렵까지가 산업자본주의 시대다. 영국의 산업 부르주아는 찰스 다윈의 조부 대부터 그의 청년 시절에 걸쳐 계속 성장하고 약진했다. 그들은 성장하기 위해 탐욕스럽게 지식을 자신의 것으로 만들었다. 분명히, 지식은 그들에 의해 이용당했다.

그러나 지식은 부리는 종의 신분에 만족하지 못하는 법이다. 지식이 스스로 주인의 지위를 빼앗는 것이다. 그것은 최초 이용자가 생각지도 못한 이상을 낳고 진보 정신의 등불이 되어 인류의 해방을 호소한다. 또한 그것을 실천하기 위한 힘과 수단, 그리고 용기를 준다. 지식의 바로 이러한 특성 때문에 우리는 지식을 사랑하고 신뢰하는 것이리라. 조사이어 웨지우드는 영국의 산업 부르주아의 전형적인 모습을 보인다. 또한 이 시절의 분위기를 이래즈머스 다윈에게서도, 그 유명한 공상적 사회주의자 로버트 오언Robert Owen(1771~1858, 환경이 인간을 규정한다는 입장에서 산업혁명하의 자본주의의 '부자연스러운' 상태를 비판하고 공산주의적 공동체의 실상을 보임으로써 사회를 변혁하려고 하였다. 『신사회관』등의 저서가 있다.-역자 주)에게서도 엿볼 수 있다.

찰스가 자란 가정 주변에는 이와 같은 지적인 분위기가 감돌았다. 이러한 분위기 속에서 그는 현상을 합리적으로 생각해야 하며, 부정을 용서해서는 안 된다는 생각을 갖게 되었다. 노예제도에 대한 증오는 조부인 이래즈머스와 피로 이어졌기에 전해진 것만은 아니다.

누구든 타고난 성격과 재능이 있다. 그것을 부정할 수

는 없다. 그러나 인간이 자라는 동안 환경으로부터 받는
영향도 매우 크다. 오히려 환경에 의해 만들어진 경우가
많다. 인간의 모든 것을 타고난 성격이나 재능이라고 딱
잘라버릴 수는 없다. 만약 우리 사회가 개개인의 천성을
충분히 발휘하게 하고 그 사람이 가지고 있는 소질을 통해
서 완성되는 것이라면, 개인의 성공을 그 천재성으로 귀결
시켜도 좋으리라. 그러나 실제로 우리 사회는 이러한 이
상에서 아직 먼 곳에 있다. 이 점은 다윈 시대나 지금이나
그리 다르지 않다. 성격이나 재능이 환경에 어떤 영향을
받고 어떻게 만들어져가는가는 매우 파악하기 힘든 문제
다. 그러나 나는 우리 사회에서 환경이 미치는 영향을 무
겁게 보지 않을 수 없다.

슈루즈베리는 잉글랜드 서남부를 흐르는 프린스턴해협
으로 흐르는 세번강 근처에 있다. 이 강 상류에 혹처럼 솟
은 직경 약 1,600m의 구릉지 안에 이 고도古都가 위치한
다. 폭 50m에 달하는 세번강의 급류가 이 구릉지를 돌아
흐르면서 불과 300m의 문을 남기고 다시금 흘러서 사라
진다. 자연이 만들어낸 요새인 이 땅은 고대 브리튼인이

로마인의 침입을 막는 데 도움이 되었다. 나중에는 잉글랜드의 여러 왕이 웨일스의 침략을 방어하기 위한 전초 지점으로 이용했다.

세번강에는 네 개의 다리가 있다. 서북쪽 다리를 건너 바깥쪽으로 가면 지금도 다윈의 생가가 있다. 마을의 서쪽 교외 부근, 험준한 해안에 접한 벽돌로 만든 커다란 집이다. 이 집은 나무와 관목 덤불로 둘러싸여 있었고, 그 부근은 예나 지금이나 '마운트'(산)라고 불린다.

로버트 워링 다윈의 다섯 번째 자식이 1809년 2월 12일, 에이브러햄 링컨이 태어난 바로 그날 이 집에서 태어났다. 남자아이였다. 대대로 다윈가의 아들에게는 윌리엄, 로버트, 이래즈머스, 찰스라는 네 개의 이름이 붙었다. 이 아이에게는 찰스 로버트라는 이름이 주어졌다. 그러나 나중에 이 사람 자신은 로버트를 생략하고 그저 찰스 다윈이라고 불렀다. 찰스에게는 세 명의 누나와 한 명의 형이 있었다. 누나의 이름은 메리앤Marianne, 캐롤라인Caroline, 수전Susan, 형의 이름은 이래즈머스 알비Erasmus Alvey였다. 찰스가 태어난 이듬해, 여동생인 캐서린Catharine이 태어났다. 찰스의 여자 형제들 가운데 수전만이 평생을 독신으로 살았고 모두 결혼했다. 둘째 누나인 캐롤라인은 조사이어 웨지우드 3세의 아내가 되었다.

찰스의 유년 시절의 기억은 네 살 때 시작된다. 그 나이 때 가족들 모두와 해수욕장에 간 일을 어렴풋이 기억하고 있다고 자서전에 썼다. 하지만 그가 서른 살 때 쓴 추억의 단편에는 같은 나이 때의 다른 기억이 있다. 그는 당시 열세 살이었던 누나 캐롤라인의 무릎을 베고 누워 있었다. 누나는 그에게 오렌지를 잘라서 주었다. 갑자기 소 한 마리가 창밖을 달려 지나갔고 어린 찰스는 깜짝 놀랐다. 누나도 오렌지를 잘못 잘랐다.

우리는 여기에서 유소년기의 생활 속에서 그 나이 때라면 누구나 경험할 법한 세세한 일화를 굳이 소개하는 것은 피하고, 찰스 다윈의 성격을 잘 나타내는 일화나 훗날 다윈에게 강한 영향을 끼친 것으로 보이는 일에만 주목하기로 하자.

찰스의 모친은 1817년 7월 17일에 사망했다. 모친이 사망하기 조금 전인 그해 봄부터 여덟 살 찰스는 누나, 여동생 캐서린과 함께 케이스가 경영하는 초등학교에 다녔다. 이 학교는 유니테리언Unitarian(유일신교파, 기독교의 정통 교의

인 삼위일체론의 교리에 반하여 그리스도의 신성을 부정하고 하느님의 신성만을 인정하는 교파-역자 주)에 속했다[주3]. 찰스의 모친이 유니테리언 신자였기에 그는 이전부터 누나들과 함께 케이스의 설교를 들으러 갔다. 하지만 형인 이래즈머스도 그도, 세례는 국교파(영국 성공회-역자 주) 교회에서 받았고 나중에는 그 교파에 속했다.

자서전에 쓰여 있는 기록을 통해 추리해보자면, 찰스는 양갓집에서 자란 쾌활하고 세상 물정 모르는 소년이었던 것 같다. 장난기도 다분했으나 천진난만했다. 강아지를 때렸다가 후회했고, 새집에서 알을 꺼내오거나 살아 있는 미끼를 낚싯바늘에 꿰는 것조차 겁을 내는 등 온순한 기질의 소유자였다. 다윈 자신은 그것이 누나들의 영향이었다고 말한다. 그러나 그의 손녀딸인 노라 발로Nora Barlow의 증언에 따르면, 당시의 다윈가는 엄격한 형식주의가 지배했고, 딸들도 쾌활하긴 했지만 그다지 호감 가는 성격은 아니었다. 가까운 친척인 웨지우드가는 다윈가의 딸들을 좋게 평하지는 않은 것 같다. 모친이 죽고 나서 찰스의

주3) 유니테리언의 교의는 삼위(성부, 성자, 성령) 일체에 반대하고 성부가 유일하다고 간주하며 성자인 그리스도를 신으로 인정하지 않는다는 점에 있다. 영국에서 세력을 얻은 것은 18세기의 일이다. 이래즈머스 다윈은 유니테리언을 '전락하는 기독교도를 붙들 수 있는 깃털 이불 침상'이라고 말했다.

누나들이 집안일을 도맡았고, 특히 캐롤라인이 그를 돌봤다. 캐롤라인은 남동생 교육에 열성을 보였다. 하지만 그것이 도를 넘었기에 찰스는 캐롤라인 누나 방에 들어가는 것을 무서워했다. 그는 항상 캐롤라인의 방문 앞에서 배회하며 생각했다. '이번에는 또 얼마나 심한 말을 들을까.' 하지만 성장한 후 찰스는 누나들에게, 아니 가족 모두에게 다정하고 친밀한 마음을 계속 품었다. 이는 다윈 자신이 다정한 사람이라는 사실을 드러내는 부분이리라.

학교에서 찰스는 특별히 재능을 인정받지 못했다. 그는 여동생 캐서린보다 배우는 것이 느리다는 말을 들었다. 하지만 과연 이 말이 찰스의 능력을 제대로 판단해서 내린 것인지는 알 수 없다. 찰스는 다양한 물건 모으기를 좋아했다. 그의 수집품은 앞에서도 말한 것처럼 식물, 조개류, 광물, 봉투의 문장 등 다양했다. 그는 낚시에도 매료됐다. 메이어의 웨지우드가에 가서 자주 낚시를 했다.

이듬해, 곧 아홉 살이 되었을 때 역시 슈루즈베리에 있는 버틀러의 학교 기숙사에 들어갔다. 이 학교는 그때 이미 250년 이상의 역사를 지닌 오래된 학교로 건물도 지은 지 200년이 넘었다. 기숙사생이라도 수업이 끝나는 종이 울리면 학교 문이 닫힐 때까지는 집에 가 있을 수 있었다. 학교로 돌아가는 것이 자꾸만 늦어져서 정신없이 달려야 하는 일이 왕왕 있었다. 웨일스교까지 300m. 이것을 건너서 마을로 들어가 600m의 언덕길을 올라가 300m를 달려 내려가는 길이었다. 마을 고성古城 100m 앞에서 길이 꺾이고 이윽고 학교 마당으로 달려 들어간다. "제발 폐문 시간까지는 갈 수 있게 해주세요"라고 그는 달리는 내내 신에게 빌었다.

찰스는 이 학교에서 7년 동안 라틴어와 그리스어를 주입식으로 배웠다. 20년째 교장인 새뮤얼 버틀러Samuel Butler(1774~1839)는 리치필드교회의 성직자였기에 이들 과목만큼은 높은 수준의 학력을 유지시켰다. 그는 케임브리지 재학 중에 그리스어 시를 지어서 두 개의 메달을 받았고, 시인 콜리지Coleridge와 경쟁만 하지 않으면 또 하나 받을 수 있는 상황이었다. 그러나 찰스가 입학할 무렵 상급 학생들은 버틀러의 최근 저작이 심한 비평을 받았고, 또한 그의 지식이 넓지 않다는 사실을 알았기에 그를 그다지 존경하지 않았다.

찰스는 "내 마음이 발달하는 데 버틀러 박사의 학교만큼 나쁜 곳은 없었다. 학교는 교육 수단으로서는 그저 공백이었다"고 자서전에 썼다. 교사들은 그를 보통 학생보다 실력이 낮은 아이라고 보았다. 그러나 그는 공부할 때 '참고서'를 사용하지 않고 성실한 방법으로 공부했다. 그래도 읽은 고전 중에 호라티우스Quintus Horatius Flaccus의 시 몇 편 외에는 흥미를 가질 수 있는 것이 아무것도 없었다.

그는 개인 교사에게 유클리드의 기하학을 배웠다. 이것에는 흥미가 일었다. 그는 "복잡한 내용을 이해하는 데서 매우 큰 기쁨을 얻었다"고 말했다. 버틀러의 학교에 다니던 시절, 이미 찰스가 공부하는 모습을 통해 그가 빠른 이해나 날카로움보다는 내용을 차근차근 끈기 있게 조사하고 생각을 천천히 정리해나가는 그의 훗날의 연구 태도가 이미 싹을 보였다. 물론 그것은 그의 태생적 기질이기도 했으리라. 그러나 설령 소질이 있다 해도 그것을 기르고 넓히는 환경이 없었다면 빛을 보지는 못했을 것이다. 찰스 다윈에게 그런 환경이란 무엇이었을까. 그것이 가정에 있었는지, 아니면 가족 외의 개인에게서 받은 좋은 영향에 의한 것인지 나로서는 거기까지 파헤치기는 힘들다. 풍족하기는 했어도 어머니가 없는 집안 분위기가 찰스를 참을성 강한 사람으로 만들지 않았을까 생각해볼 수는 있지만.

고전 수업에는 반발했지만 그가 문학적인 모든 것에 관심을 가지지 않았던 것은 아니었다. 셰익스피어의 극과 톰슨, 바이런, 스콧의 시를 그는 사랑했다.

하지만 훗날의 박물학자 다윈을 이해하는 열쇠로서 더욱 필요한 것은, 이 시절의 찰스가 자연에 대한 흥미가 점점 커지고, 과학에 어느 정도 가까워졌다는 사실이리라. 그는 열심히 광물을 모으고 곤충을 채집했다. 누나 중 한 명이 살아 있는 것을 죽여서는 안 된다고 했기 때문에 죽은 곤충만을 모으려고 애썼다. 새의 습성에 흥미가 생겼는데, 왜 모든 사람이 조류학자가 되지 않는지 의아해하기도 했다. 열세 살에서 열네 살 무렵부터는 새 사냥에 빠져서 총을 들고 돌아다녔다. 사격 실력도 늘었다. 하지만 새 사냥에만 빠져 있었기에 결국 아버지의 노여움을 샀고, 좀처럼 듣지 않던 심한 말을 들으며 혼이 났다.

버틀러의 학교를 그만두기 얼마 전, 형인 이래즈머스는 화학 실험에 몰두했다. 정원에 있는 공작실이 실험실이 되었다. 찰스는 형의 조수 노릇을 했다. 이즈음 더는 기숙사에 돌아가지 않았는지도 모른다. 밤늦게까지 두 사람 모두 시간 가는 줄도 모르고 빠져들었다. 찰스의 실험은 반 친구들에게 알려졌고 '가스'라는 별명을 얻었다. "이것은 학교에 다니면서 받은 교육 중에서 가장 좋은 것이었다. 과학 실험의 흥미를 실제로 배웠기 때문이다."(자서전) 그가 이 시절에 마음을 사로잡힌 책은 화이트Gilbert White(1720~1793)의 『셀본의 박물학과 고대유물들』(주4) 등 박물학과 여행의 즐거움을 가르쳐주는 것이 많았다. 그리고 실험을 위해 화학책을 읽었다. 또한 이 시절에 그는 조부의 『주노미아』 2권을 완독했다.

찰스가 학교 과목 이외의 것에만 몰두한다는 사실을 안 버틀러 교장은 그를 불러 전교생 앞에서 혼냈다. "이 포코 크란테"라고 버틀러는 말했지만, 찰스는 그 말의 의미를 알지 못했으므로 뭔가 심한 말을 들었구나 싶어서 두려워졌다. 이 말은 '한눈만 파는 녀석'이라는 뜻이다. 하지만 우리가 여기까지 봐온 것만으로도 그가 '포코 크란테'가 아니라는 사실을 알 수 있다. '포코 크란테'의 모습을 보인

주4) *"The natural History and Antiquities of Selborne"*(1789) 저자 화이트는 목사이자 박물학자. 영국 남부의 셀본 부근의 동식물을 관찰한 기록으로, 문학적으로도 높이 평가받고 있다.

것은 그 전에도 그 후에도 오로지 학교의 따분한 수업에 대해서였다.

　어머니가 죽은 후에도 찰스 일가는 외가인 웨지우드가의 가족과 친밀한 관계를 유지했다. 찰스의 외삼촌인 조사이어 웨지우드 2세가 살던 집은 스탠퍼드주의 작은 호수 옆에 있는 200년 된 석조 건물이었다. 슈루즈베리에서는 약 20마일 정도 거리였기에 그다지 멀지 않았다. 그는 그 근처 일대 자신의 소유지의 이름을 메이어Maer라고 불렀는데, 이는 호수라는 뜻의 'mere'를 색슨식으로 표현한 것이었다. 아이들은 이 작은 호수에서 낚시를 하고, 보트를 타고, 겨울에는 스케이트를 탔다. 호수와 집의 사이에 있던 경사진 땅은 화단이었다. 그곳에는 꽃이 흐드러지게 피었다. 조사이어의 집은 친척이나 지인의 사교의 중심지였다. 매일 젊은 남녀의 목소리가 밤새도록 끊이지 않았다. 나중에 찰스의 아내가 된 엠마는 여덟 명의 자녀를 둔 조사이어의 막내딸로, 건강하고 밝으며 누구에게나 사랑받는 소녀였다. 활발하고 새로운 것을 좋아하는 천진난만한 아이였다. 런던의 학교에 다니던 시절, 그녀는 피아노의 귀재로 불렸다. 손재주가 매우 좋아서, 무도회 전에 언니들의 머리를 묶어주는 것은 그녀가 도맡았다. 연기도 잘했다. 1824년 10월, 즉 찰스가 에든버러에 가기 1년 전에 엠마는 〈윈저의 즐거운 아낙네들The Merry Wives of Windsor〉 중 한 역할을 연기하여 갈채를 받았다. 그녀는 찰스보다 한 살 많았다. 찰스에게는 메이어에 가는 것이 무엇보다 큰 즐거움이었다. 하지만 그것이 엠마 때문이었다는 확실한 증거는 없다.

웨지우드가가 찰스에게 준 것은 그저 밝은 기분만은 아니었으리라. 그는 그곳에서 외삼촌인 조사이어의 실무가로서의 방식을 충분히 보았으리라. 이것이 훗날 그의 과학 연구에 영향을 준 것 같다.

1825년 여름, 열여섯 살인 찰스는 에든버러의 의학부에 진학하기로 결정했고, 버틀러의 학교를 그만두었다. 그 무렵 엠마는 유럽 대륙을 9개월간 여행했다. 그러나 10월 1일, 딱 찰스가 에든버러로 떠나기 직전에 엠마는 메이어로 돌아왔다. 그래서 찰스는 그녀를 찾아가서 인사를 할 수 있었다. 에든버러 시절에도 휴일에는 메이어를 찾아가곤 했다. 1826년 가을에도 그는 새 사냥을 하러 메이어에 갔다.

3. 케임브리지에서

찰스가 에든버러를 떠나기 직전 해 11월에 엠마는 또 유럽 대륙 여행을 떠났다. 아마도 그해 가을 찰스가 메이어에 새 사냥을 간 직후였으리라. 그녀는 아주 짧은 기간이지만 쇼팽에게 피아노를 배웠고, 그 후에 제네바에 있던 숙모의 집에서 이번에는 독일인 피아노 교사에게 레슨을 받았다.

1827년 5월에 웨지우드가에서는 엠마의 오빠인 조사이어(3세)가 그녀를 데리러 가게 되었다. 우연히 에든버러에서 돌아온 찰스와 그의 누나 캐롤라인이 조사이어와 동행하게 되었다. 이들은 7월 말에 귀국했다. 찰스 다윈이 도버해협을 건너 유럽 대륙을 여행한 것은 전 생애를 걸쳐 이때 딱 한 번뿐이다. 자서전에는 이 여행에 대해서는 아무것도 쓰여 있지 않다. (이상은 '머리말'에 든 워드Henshaw Ward의 다윈전에 따른 것이다. 찰스는 엠마의 아버지인 조사이어 2세와 동행했다고 기록한 다윈전기도 많다. 또한 찰스가 간 것은 파리까지다.)

이 여행 전이었는지 후였는지 확실치는 않지만 아마도 그가 에든버러대학을 그만두기로 결정하기 이전의 일이리라. 아들을 의사로 키우는 데 실패한 로버트 워링은 그의 미래를 걱정했다. 그는 찰스를 목회자로 키우기로 결심했다. 실무가이자 처세술에 능했던 찰스의 아버지는 목회자를 완전히 직업으로서 바라본 것이리라. 목회자가 되는 것은 어떠냐는 아버지의 제안을 받은 아들 찰스도 같은 생각이었던 것 같다. "… 나는 잠시만 생각할 시간을 달라고 부탁했다. 내가 그때까지 듣거나 생각한 사소한 일에서는 영국교회의 교리 전부를 믿는다고 단언하기가 망설여졌기 때문이다. 그러나 그 외의 점에서는 시골 목사가 된다는 생각은 마음에 들었다."(자서전) 그래서 그는 몇 권의 종교 서적을 읽어보았다. 그에게는 성서의 언어 모든 것이 의심할 것 없는 진실로 생각되었기에 국교의 신조가 완전히 받아들여져야 한다고 믿기로 했다. 화이트처럼 목사가 되어도 박물학 연구에 종사할 수 있다는 생각이 그에게 있었는지도 모르겠다.

자서전에도, 그 외의 기록에도 그 무렵 찰스의 마음이 어떻게 움직였는지는 정확히 나타나 있지 않다. 열여덟 살의 찰스가 종교에 관해 어떻게 생각했는지는 그의 진화 사상이 태어난 경위를 검토하기 위해서 우리가 꼭 알고 싶은 부분이긴 하지만, 그가 목회자가 되리라는 것을 알고

서 케임브리지대학 신학부에 입학했다는 명백한 사실 외에는 확실한 자료가 되는 것이 없다. 다만 우리는 위에서 말했듯이 찰스의 결심이 목회자라는 '직업'에만 관련된 것이었다는 것, 그 자신은 종교에 대한 내면적인 관심과 요구를 거의 가지지 않았으리라는 것을 상상해도 좋으리라. 종교를 '비판'할 마음은 없었지만, 종교에 적극적인 관심이 있었던 것도 아닌 듯하다.

케임브리지대학에 입학하기 위해서는 다시 새로운 공부를 해야 했다. 모처럼 버틀러가 주입해준 그리스어마저 완전히 머릿속에서 빠져나간 뒤였다. 10월에 시작되는 신학기에는 도저히 입학할 수 있을 것 같지 않았다. 그는 그해 말까지 가정교사를 붙여 공부했고 이듬해인 1828년 초, 전년 말부터 크리스마스 휴가가 끝나기를 기다려 케임브리지에 갔다. 따라서 원래라면 같은 학년이어야 할 학생보다 졸업도 얼마간 늦었다. 그가 학사 시험을 통과한 것은 1831년 1월이었지만 6월 24일까지 대학에 붙들려 있어야 했다. 그의 이름은 1832년 학사 명부에 실려 있다.

케임브리지 시절의 다윈은 에든버러 시절에 비해 훨씬 철이 든 것 같은 느낌을 받게 한다. 그러나 교실 안 강의를 경멸한다는 점은 에든버러 시절과 다르지 않다. 아니 오히려 에든버러 시절의 경험이 여기에서도 같은 태도를 취하도록 만든 셈이다. 하지만 그는 중간고사 때는 꽤 열심히 공부했고, 졸업 시험 때는 더욱 열심히 공부해서 성적도 나쁘지 않았다. 에든버러 시절에도 교우 관계는 좋았던 것 같다. 그러나 여기에서는 더욱 능숙한 사교성을 발휘했다.

다윈은 학사 시험을 통과한 후 곧바로 비글호에 승선했다. 남반구의 대륙과 섬들에서의 그의 관찰은 실로 매우 정밀하고 세세하며 훌륭한 것이어서 『비글호 항해기』(원제는 『비글호가 찾아간 여러 지역의 지질학과 박물학 연구』-역자 주)만으로 그의 이름을 과학사에 새기기에 충분하다. 이 뛰어난 관찰력의 기초는 에든버러 시절에 만들어지기 시작했다. 그러나 그 기초가 흔들리지 않고 견고하게 키워진 것은 틀림없이 케임브리지 시절이었다. 다윈은 자서전에서 그 무렵 생활을 적었고, 다른 자료에서도 그의 생활 모습을 엿볼 수는 있지만 다윈이라는 인간 형성의 과정을 충분히 파헤치는 데는 충분하지 않다. 우리는 케임브리지의 다윈을 잘 이해하여 방금 말한 그의 인간 형성 과정을 밝혀내기 위해서 얼마간 사실史實로부터 벗어나는 위험을 범하더라도 어느 정도 상상력을 발휘할 수밖에 없으리라.

영국의 대학은 경제적으로도 독립된 단위다. 다윈은 케임브리지의 크라이스트칼리지Christ's College에 들어갔고 기숙사에서 생활했다. 그의 형 이래즈머스도 에든버러에 가기 전에 이 칼리지에 다녔다. 그리고 찰스가 입학한 당시인지, 아니면 그 이후인지 어느 쪽이든 다시금 여기에 와서 찰스와 당분간 함께 생활했다고 한다. 이래즈머스는 케임브리지에서 의학 학사 학위를 땄다.

크라이스트칼리지가 배출한 자랑스러운 졸업생 중에는 존 밀턴John Milton(1608~1674, 『실낙원』의 저자로서 셰익스피어에 버금가는 대시인으로 평가되는 영국 시인-역자 주)이 있었다. 이 칼리지의 홀에는 존 밀턴과 함께 윌리엄 페일리William Paley(1743~1805, 신학자), 찰스 다윈의 초상이 걸려 있다. 당시 재학생은 거의 전부가 유복한 집안의 자제였다. 다윈도 그중 한 명으로서 자유롭고 사교적인, 오락으로 가득 찬 학창 시절을 보냈다. 그러나 물론 그의 생활은 그것에만 그치지 않았다. 위대한 과학자 대부분은 청년 시절에 어딘지 비뚤어진 모습을 보이고 비사교적이다. 그러나 다윈에게는 조금도 그런 부분이 없었다. 우리가 한편으로 학자의 성격을 틀에 가두어 생각하고 다른 한편으로 다윈의 개방적 학창 시절을 쫓다 보면 이 시절 그의 생활에서 그 중요한 요소를 놓치기 쉽다.

다윈은 케임브리지 시절에도 새나 동물 사냥에 빠져 있었다. 그 나이대의 학생답게 술도 마셨다. 하지만 이 시절 전이나 후의 그와 비교해 눈에 띄는 것은 예술에 흥미를 보인 것이다. 그가 자기 입으로 말한 것에 따르면 회화, 조각, 음악에 대한 그의 흥미는 타고난 것이 아니라 그 시절 친구에게서 받은 영향이었다.

선배였던 랭글러(수학 우등생을 부르는 말)인 휘틀리C. Whitley가 그에게 회화나 조각에 대한 관심을 불러일으켰다. 그는 케임브리지의 피츠윌리엄박물관에 전시된 그림을 보았다. 자신도 그림을 몇 점 샀다.

그는 친한 친구인 허버트John Herbert 등과 종종 키싱칼리지의 예배당에 음악을 들으러 갔다. 음악을 듣고 있으면 등뼈가 저릿저릿했다. 그렇지만 그는 음악을 분별하는 귀를 갖고 있지는 않았다. 합창단 소년들을 자신의 방으로 불러 노래를 부르게 하기도 했지만 음계가 틀려도 몰랐다. 장난치기 좋아했던 친구들이 영국 국가를 빠른 템포로 피아노로 치고 그에게 무슨 곡인지 맞히게 했고, 그가 당황하는 것을 보고 재미있어 한 일도 있었다.

음악에만 끌렸는지는 잘 모르겠지만 다윈은 1829년 10월에 버밍엄의 음악제에 갔다. 버밍엄은 메이어에서도, 슈루즈베리에서도 가까운 곳이다. 그 음악제가 끝난 후에 그는 같은 크라이스트칼리지 학생이 되었고 친한 친구였던 육촌 윌리엄 다윈 폭스W. D. Fox에게 다음과 같은 편지를 썼다. "이런 훌륭한 음악회는 처음이야. 말리브랑Maria Malibran(프랑스 태생의 오페라 가수-역자 주)에 이르러서는 어떤 말로 칭찬해야 할지 알 수 없었어. 그녀만큼 매력적인 사람을 나는 달리 모를 정도야. 그녀의 매력에 끌리지 않는 인간의 심장은 틀림없이 돌로 만들어졌을 거야. 나는 웨지우드 저택 바로 옆에 숙소를 잡아서 그 집 사람들과 온종일 함께 지냈어. 정말 즐거운 시간이었어. 그래서 나는 너무 피곤해. 하루에 두 가지 일은 이제 그만해야겠어."

두 가지 일이란 무엇일까. 하나는 오페라 가수로, 다른 하나는 엠마로 그를 끌어당기기라도 한 것일까. 그러나 그가 엠마에게 얼마나 큰 관심이 있었는지 그것을 나타내는 기록은 남아 있지 않다. 웨지우드가의 자매들 중에서도 다윈이 관심을 보인 이는 엠마의 언니라는 말도 있다. 더욱이 그 무렵 그는 페니 오언이라는 아름다운 여성에게도 마음을 빼앗겼다. 오언가는 슈루즈베리에서 몇 마일 떨어진 곳(우드하우스)에 있었고, 다윈, 웨지우드 두 집안과 사교 그룹을 형성했다. 다윈이 새 사냥을 위해 이따금 오언가에 묵기도 했는데, 총을 집어 들고 사격하는 페니의 매력적인 자세가 그의 마음을 사로잡은 것이다.

다윈은 지인들과 활발히 교류했다. 어떤 모임에서도 그는 가장 유쾌하고 신나게 행동했고, 모두 그를 좋아했다. 색다른 음식을 먹는 모임에도 가입해 매나 부엉이 고기를 먹어보기도 했다. 터무니없을 정도로 승마도 했다. 카드 놀이를 하며 밤을 새운 적도 있었다. (애초에 다윈의 아들 프랜시스는 케임브리지 시절 친구들의 이야기를 종합하여 다윈의 유흥은 자서전에서 과장된 듯하다고 말했다.)

그러나 그의 일상은 결코 그것만으로 끝나지 않았다. 그것은 그의 생활 속에서 중요한 일부를 차지하지 못했다. 우리는 여기에서 다윈이라는 인간이 얼마나 위대한지를 엿볼 수 있다. 무언가 하나에 몰두하고 전념하는 사람의 모습을 볼 때 우리는 그 사람을 훌륭하다고 생각한다. 그 훌륭함을 우리는 곧잘 깨닫는다. 하지만 인격이 매우 크고 넓은 사람의 훌륭함을 우리는 깨닫지 못할 때가 있다. 그런 사람은 이따금 범인凡人으로 치부된다. 다윈이 그런 사람 중 하나였다고 나는 생각한다. 이런 사람의 일생은 쉽게 결정되지 않는다. 포용력이 크고 융통성이 있으며, 게다가 단순한 감정에 휘둘리지 않기 때문이다. 그러나 그 사람의 진로가 확실히 결정되고 그 사람이 하나의 일에 전념하게 되면 무서운 에너지가 솟아오르기 마련이다.

다윈이라는 인간의 크기, 그 폭넓은 인격은 타고난 것이리라. 그가 조부에게 큰 키를 물려받은 것처럼 그에게는 타고난 소질이 있었다. 그러나 당시 영국의 부유하고 양식 있는 가정, 나아가 뚜렷하게 발전하는 사회를 배후에 지닌 진보적인 지식인 가정에서 자라지 않았다면 그가 소질을 갈고닦아 큰 인간으로 성장하는 것은 불가능했을지도 모른다.

다윈의 자서전에는 유년 시절이나 학창 시절의 자신이 이따금 농담조로 그려진다. 자서전은 그에게는 특별한 재능의 번뜩임도 없고 그가 오히려 둔하고 무뎠다는 인상조차 준다. 그러나 그가 정말로 그런 인간이었다면 에든버러에서도, 케임브리지에서도 그토록 훌륭한 인물들과 친밀한 관계를 유지할 수는 없었으리라. 그에게는 에너지가 있었고, 적극적이었고, 열정도 넘쳤다. 서른 살 무렵 쓴 글에는 소년 시절의 자신이 열정적인 사람이었다고 표현되어 있다.

대학에서는 앞에서도 말했듯이 강의에 잘 나가지 않았다. 케임브리지에서도 기하학에는 흥미를 보였지만 대수학과는 친해지지 못했다. 박물학 과목에서는 헨슬로John Stevens Henslow(1796~1861)가 강의하는 식물학만 들었다. 그것은 그 교수에 대해 처음부터 존경심을 품고 있었기 때문이다. 세지윅Adam Sedgwick(1785~1873)의 지질학조차 수강하지 않았다. 평생 지질학을 배우지 않겠다고 에든버러에서 결심한 것도 영향을 주었으리라. 고전에는 전혀 흥미가 없었다.

다윈은 케임브리지에 오기 전에 형에게 헨슬로에 대한 이야기를 들었다. 인간으로서도 학자로서도 무척이나 존경할 만한 인물이라고 다윈은 생각했다. 그는 케임브리지에 입학하자마자 곧장 헨슬로와 가까워지기를 바랐다. 다행히 폭스가 헨슬로를 알았기에 다윈을 소개해주었다.

헨슬로는 매우 박식한 사람이었다. 식물학, 곤충학, 화학, 광물학, 지질학 등 수많은 학문에 걸쳐 깊은 지식을 갖고 있었다. 이윽고 다윈은 그가 독창적인 재능을 지닌 인물은 아니라는 생각이 들었다. 그러나 그의 훌륭한 인격은 다윈이 그를 더욱 신뢰하고 따르게 만들었다. 폭스에게 보낸 다윈의 편지(1830년 11월 5일자)에 따르면 "헨슬로 교수님은 나의 지도자야. 그는 매우 뛰어난 지도자지. 하루 중 가장 즐거운 때는 교수님과 이야기를 나눌 때야. 나는 그분만큼 완전한 인간을 만난 적이 없는 것 같아. 이번 학기에는 교수님 댁에서 열리는 유쾌한 모임에 종종 참석했어. 그분은 인격이 매우 훌륭한 사람이야. … 헨슬로 교수님이 종교적으로 기묘한 의견을 지니고 있다는 소문은 들었지만 나는 그런 느낌은 받지 못했어. 너는 어때?" 다윈의 자서전에 따르면 헨슬로는 신앙심이 깊고 정통 신앙을 갖고 있었다.

헨슬로는 학생 외에 관심 있는 사람을 데리고 종종 교외에 채집하러 나갔다가 돌아올 때는 모두 함께 저녁을 먹으며 이야기를 나누었다. 그의 집도 매주 하룻밤, 수많은 학자나 학생들이 모여 담론을 나누는 장이 되었다. 다윈은 헨슬로의 채집에 참여했고, 그의 집에도 자주 갔다. 저녁 식사에도 초대받았다. 헨슬로는 다윈 같은 초보 학자가 지극히 시시한 질문을 해도 비웃지 않고 차분히 설명해주었다. 다윈이 화분관의 발아를 현미경으로 보고 대발견이라도 한 듯 헨슬로에게 달려갔을 때도 그는 그 현상을 친절히 설명한 후, 이것은 훨씬 전부터 잘 알려진 사실이라는 말을 덧붙였다.

다윈은 헨슬로의 그림자처럼 언제나 그의 곁에 있었다. '헨슬로와 함께 다니는 남자' 하면 다윈이란 걸 모두 알 정도였다. 다윈은 헨슬로에게 엄청난 영향을 받았고 틀림없이 수많은 지식을 배웠을 테지만, 그러나 다윈이 헨슬로에게서 받은 이익은 그처럼 직접적인 것만은 아니었다. 다윈은 헨슬로의 집에서 케임브리지의 훌륭한 학자들의 이야기를 듣고 그들과 지인이 되었다. 윌리엄 휴얼William Whewell(1794~1866)이나 헨슬로의 의형제인 레너드 제닌스Leonard Jenyns(동물학자) 등이다.

휴얼 박사는 케임브리지의 광물학 교수였는데 수학에도 조예가 깊어서 자연과학의 의의나 방법에 관해 연구한 과학철학자로서 특히 유명하다. 그가 나중에 낸 두 개의 저작 『귀납 과학의 역사』(3권, 1837년)와 『귀납 과학의 철학』(2권, 1840년)은 널리 읽혔다. 그는 과학에서 귀납적 방법을 중시하는 베이컨Francis Bacon(1561~1626) 이래 영국의 경험주의의 조류 속에 있음과 동시에 칸트 철학의 영향도 받았다. 베이컨의 사상은 뉴턴Isaac Newton(1643~1727)의 과학에도 영향을 주었다. 휴얼이 소속된 트리니티칼리지는 뉴턴을 배출했다는 것을 자랑으로 삼고 있었다.

베이컨은 물리학을 목적론에서 해방했다. 그러나 그는 생물학에 대해서는 물리학과 다른 지위를 부여했다. 휴얼도 『귀납적 과학의 역사History of the Inductive Sciences』마지막 장에서 생물학이 목적론의 토양을 버릴 일은 없다고 말했다. 이 『귀납적 과학의 역사』가 출간된 1837년이야말로 찰스 다윈이 '베이컨적 방법'으로 종의 기원에 관한 연구를 시작하고 생물학에서 목적론을 추방할 첫걸음을 내디딘 해였다. 헨슬로의 집에서 휴얼의 의견에 귀를 기울여 들은 다윈이 그때 어떤 감정을 품었으며 어떤 의견을 냈는지는 우리는 알 수 없다. 휴얼은 입담이 좋고 말을 많이 하는 사람이었다. 그는 밤늦도록 이야기하다 다윈과 함께 밤길을 돌아갔다. 그러나 당시의 과학철학자 중에서 진정한 베이컨주의자라고 해야 할 사람은 휴얼이 아니라 나중에 이야기할 허셸Herschel이다.

한편, 케임브리지 시절에 다윈이 가장 열중한 일은 곤충 채집이었다. 폭스가 그를 채집 멤버로 넣은 것이다. 케임브리지 시절 다윈이 쓴 편지에는 폭스 이외의 인물에게 보내는 것에도 곤충 채집이라는 말이 수없이 등장한다. 다윈은 특히 갑충甲蟲(딱정벌레목의 곤충을 통틀어 이르는 말-역자 주)을 모았다. 채집자의 흥미를 끈다는 점에서 갑충은 곤충의 왕이라 할 수 있다. 크기도, 형태도, 색채도 각각의 서식지나 생활법에 따라 갑충만큼 다양한 변화를 보이는 것은 없다. 다윈은 노년이 되어서도 희귀한 갑충을 잡은 장소나 고목을 또렷이 기억했다. 한 『곤충도감』에 '다윈 씨의 채집'이라는 기사가 붙은 신종이 실렸을 때는 그 어떤 때보다 기뻐했다.

"어느 날, 낡은 나무껍질을 벗기자 두 마리의 희귀한 갑충이 나왔다. 그런데 이윽고 세 번째의 새로운 녀석을 발견했다. 나는 그 녀석을 절대로 놓치고 싶지 않아서 오른

손에 쥐고 있던 갑충 한 마리를 입에 넣었다. 그런데 그
녀석은 혀를 찌르는 듯한 지독하게 쓴 액체를 뿜어냈다.
나는 하는 수 없이 갑충을 뱉어냈다. 그 녀석은 도망갔고,
세 번째 녀석도 도망가고 말았다."(자서전)

1829년 2월에 런던의 호프F. W. Hope를 방문해서 이틀
을 지냈다. 옥스퍼드에 동물학 강좌를 기부한 곤충 채집
가다. "그의 컬렉션은 어마어마해. 그는 곤충학자 중에서
가장 호기로운 사람이야. 그는 나에게 160마리의 신종을
주었어. 두 마리밖에 갖고 있지 않은 희귀종까지 주려고
했다니까."(폭스에게 보낸 편지) 그해 7월에는 호프와 웨일스
북부로 채집 여행을 떠났다. 이어서 메이어에도 채집을
하러 갔다. 8월에도 웨일스 북부에 가서 비가 오는 날은
낚시를 하고, 갠 날에는 곤충을 채집했다는 서신을 폭스에
게 보냈다.

이 무렵 다윈은 곤충의 생명을 빼앗는 것을 유년 시절만
큼 가슴 아파하지는 않았다. 그러나 동물의 생명에 대한
온정을 잃은 것은 아니었다. 우드하우스에서 전날 쏜 새
가 미처 숨이 끊어지지 않은 모습을 봤을 때는 새 사냥을

그만두자고 생각하기도 했다.

다윈은 케임브리지 시절 말년에 훔볼트Alexander Humboldt(1769~1859)의 『남미 여행기』[주1]와 허셀John F. Herschel(1792~1871)의 『물리학 입문』[주2]을 읽고 감명을 받았다. 『물리학 입문』은 과학 방법론 책으로 베이컨의 사상에 근거하여 뉴턴의 체계를 모범으로서 설명하고 있다. 허셀의 이 저서를 읽기까지 다윈이 물리학에 관해 어느 정도 제대로 된 지식을 가지고 있었는지는 모르지만, 그가 '생물학의 뉴턴'이라 불리게 된 데에 이 책이 중요한 기초를 구축했다는 사실을 상상할 수 있다.

『남미 여행기』가 다윈에게 미친 영향도 매우 크고 직접적이었다. 훔볼트라는 인물, 그의 생애와 그의 업적에 관해 정확한 개념을 부여하기 위해서는 한 권의 책이 필요하다. 그는 베를린에서 형인 빌헬름(유명한 언어학자이자 정치가)과 함께 부유한 귀족의 아들로 태어났다. 처음 괴팅겐Göt-

---

주1) "Personal narrative of travels to the equinoctial regions of America" 이것은 "Voyage aux régions équinoxiales du Nouveau Continent," fait en 1799~1804, par A. de Humboldt et Aimé Bonpland(Paris, 1807 etc.)의 일부를 이루는 "Relaton historique"(1814~25)의 영역본이다.

주2) "Introduction to the study of natural philosophy" 여기에서 natural philosophy라는 것은 물리학을 가리킨다. 또한 Introduction to는 다윈의 자서전의 오기로, 맞는 것은 A preliminary discourse on이다.

tingen에 이어 프라이베르크Freiberg에서 공부했다. 그는 그곳 광산대학의 베르너 교수 밑에서 열심히 공부한 제자였지만 나중에는 학설상 베르너의 반대론자가 되었다. 학우였던 레오폴트 폰 부흐Leopold von Buch와 함께 베르너의 수성론에 반대하여 화성론 입장에 선 것이다. 그는 괴테와 친밀하게 교제했다.

1799년부터 5년간, 훔볼트는 남아메리카와 중앙아메리카를 여행했다. 이 여행은 '그것은 마치 빛과 열로 넘치는 새로운 태양이 서쪽, 신세계 위로 떠올라서 구세계 위로 자비로운 빛의 반영을 쏟아붓는 듯했다'[주3]라고, 그 성과를 평할 정도로 뜻깊은 것이었다. 훔볼트는 스페인의 항구를 출발하여 북아프리카의 서해안에 가까운 카나리아제도의 테네리페섬에 건너가 그곳에서 남미의 북단인 베네수엘라로 가서 남미 대륙의 오지를 조사하고 안데스산맥을 넘었다. 그리고 멕시코로 가서 합중국(미합중국, 즉 미국을 뜻한다.-역자 주)에 잠시 머물다 유럽으로 돌아왔다. 이 여행 전후 약 30년간을 훔볼트는 파리에서 지냈다. 그는 독일과 프랑스 과학의 뛰어난 중개자이기도 했다.

주3) 훔볼트의 축하회(1844년)에서 말한 카를 리터의 말. 다네만 『대자연과학사大自然科学史』(야스다安田, 가토加藤 역) 제6권, 326쪽에서 인용

훔볼트는 자연지리학의 창시자로도 불린다. 그는 여행하면서 지질학뿐 아니라 식물학을 자세히 관찰했다. 그는 식물 개개의 형태보다도 전체로서의 식물상과 생태에 무게를 두고 관찰했다. 이 여행을 그의 유려한 문장으로 그려낸 것이 바로 『남미 여행기』다. 훔볼트는 18세기 후반의 독일 과학계를 지배하던 자연철학의 영향을 강하게 받았기에 괴테와 사상 면에서 공통적인 점이 많았다. 만년에는 자연철학에 근거한 생각, 가령 생명력의 발현으로서 자연을 바라보는 시각을 없애려고 했는데, 이는 파리에서 퀴비에를 비롯한 실증학파의 영향을 받았기 때문이기도 할 것이다. 어쨌든 훔볼트는 19세기 전반에 걸쳐 가우스가 수학계에서 점유했던 지위를 박물학 영역에서 차지했다고도 할 수 있다.

다윈이 더욱 감격한 것은 테네리페에 있는 고도 약 3,600m의 화산 등반기였다. 그는 그것을 몇 번이고 반복해서 읽었으며, 가장 멋진 대목을 필사하여 헨슬로의 채집회에서 다른 사람들에게 읽어주었다. 1831년 4월부터 6월 무렵에는 카나리아제도로 여행을 떠날 계획을 세우고 배를 문의하려고까지 했다. 그의 짐작으로는 또 사촌인 폭스나 스승인 헨슬로가 동행할 거라 예상했다. 이유는 알 수 없지만 그 계획은 무산되었다.

"대추야자나 야자나무, 종려나무, 양치식물이 정정하게 우뚝 솟아 있어서 아름다워. 아직 본 적 없는 것들뿐이야. 하나같이 장대해. 온종일 그 상상만 하며 정신이 팔려서 살고 있어. 내가 오래 산다면 이는 분명 훌륭한 추억이 될 거야. 너도 훔볼트는 읽었겠지(아직이라면 어서 읽어 봐). 훔볼트는 열대 국가들에서 지낸 나날을 무척 기쁜 마음으로 회상하고 있어."

이것은 비글호에 승선하는 것이 결정된 후 희망에 찬 다윈이 폭스에게 보낸 편지(1831년 9월 19일)의 한 구절이다. 그가 얼마나 훔볼트에게 매료되었는지를 알 수 있다. 그가 항해를 나선 후 가족이나 지인에게 보낸 편지에도 여기저기에 훔볼트라는 이름이 등장한다. 항해에서 돌아와 몇 년이 지난 후 영국에 온 훔볼트가 다윈을 만나고 싶어 했다. 그러나 지질학자 로더릭 머치슨Roderick Murchison(1792~1871) 집에서 만났을 때는 약간 실망했다.

한편 신학생 다윈은 종교에 관해 어떤 생각을 지녔을까? 그것에 관해서는 단편적인 것밖에 알지 못한다. 다윈 자신이 표명하는 종교관은 주로 후반생後半生의 것이다.

"그가 신학 서적을 읽고 있다는 것을 듣고 기쁘게 생각하고 있어. 그가 어떤 책을 읽었는지, 또한 그런 책에 대해서 어떤 의견을 가지는지 알고 싶어. 나에게 설교하는 것이 너무 이르다고 걱정할 필요는 없어."(1829년 3월 18일, 폭스에게 보내는 편지)

이 편지의 날짜와 같은 해였을 것으로 추정되는데, 다윈은 절친한 벗인 허버트와 성직자가 되는 것에 대해 서로 이야기했다. 허버트는 훗날 다음과 같이 썼다. "우리는 한때 성직자가 되는 것에 대해 진지하게 대화를 나눴다. 내 기억에 따르면 그는 성직 안수식 때 '당신은 성령의 감동을 분명히 받고 있는가'라고 질문하는 걸 떠올리며 '자네는 그 질문에 긍정적 대답을 할 수 있나?'라고 물었다. 내가 할 수 없다고 대답하자 그는 '자네도 불가능하군. 그래서 나는 성직자가 될 수 없는 거야'라고 말했다."

허버트와 나눈 이 대화에 따르면 그 무렵 다윈의 신앙에는 동요가 있었던 것 같다. 그러나 그 후 헨슬로와 수많은 종교적 대화를 나눈 것으로 보이므로, 그의 마음의 동요는 크지는 않았고 이윽고 안정된 것이리라. 그는 시험공부를 위해 페리의 『기독교의 증명Evidences of Christianity』을 읽고 저자가 말하는 자연신학에 기쁨을 느꼈다. 자연신학(또는 자연종교)은 계시에 중점을 둔 중세적 기독교에 반대하고 이 세계의 조화야말로 신의 창조의 손의 증거라고 한다. 즉 과학의 법칙적인 세계가 기독교의 기반에 수용된다는 것이다. 이것은 자연과학의 발전과 조화를 이루는 사고방식이자, 19세기 영국의 신학에서 점차 유력해졌다.

다윈은 아마 이 자연신학에서 종교의 합리성을 발견할 수 있다고 믿었던 것이리라. 비글호 승선 당시, 그가 제대로 된 정통 신앙을 가졌다는 것도 그것으로 설명할 수 있다.

역시 승선 당시 다윈은 휘그당Whig Party의 열성적인 지지자였다. 그의 학창 시절의 정치적 관심이 어떻게 자라났는지는 당시의 사회 정세를 봐도 추측할 수 있다.

1830년 전후 몇 년은 영국 사회가 사회적 문제로 떠들썩하던 시절이다. 1831년경에는 혁명의 위기마저 있었다.

영국에서는 17세기 후반부터 양대 정당인 토리당Tory Party(한때 잉글랜드 왕국의 정당이었다. 현재 보수당의 전신에 해당한다.-역자 주)과 휘그당이 대립해왔다. 전자는 영국교회의 성직자와 지주 계급을 배경으로 두었고, 후자는 상공업자가 기반이었다. 토리당은 훗날의 보수당이며, 휘그당이 자유당이다. 이전 세기 이래, 정권은 계속 토리당이 맡아왔다. 이 당은 산업 보호 정책을 취하고 국내에 수많은 규제를 가했다. 그것은 자본주의 초기 성장을 위해 필요한 것이기는 했다. 그러나 산업자본주의의 발전은 자유방임을 요구하는 목소리를 점차 높여갔다. 정치사상가로서 애덤 스미스, 이어서 벤담이 그 목소리를 대표하고 있다. 1830년에 프랑스에서 7월 혁명이 일어나 부르봉 왕조가 무너지고 자유주의자인 루이 필립이 왕위에 올랐다. 그것은 대혁명에서는 불완전하게 수행될 수밖에 없었던 부르주아 혁명의 완성이었다.

파리의 7월 혁명은 유럽 각국에 큰 충격을 주었다. 대혁명 때도 그랬듯, 오히려 민심을 공포에 떨게 하고 사람들을 깊은 종교적 신앙 속으로 파고들게 한 일면도 있었지만 자유에 대한 바람을 북돋우는 작용도 컸다. 7월 혁명 직후에 영국에서는 의회 선거가 시행되어 토리당이 의석을 다수 잃었다. 하나는 7월 혁명을 방관한 책임을 물은 것도 있었겠지만 휘그당의 정책에 대한 지지율이 높아진 것이 더욱 유력한 원인이었으리라. 그러나 토리당은 그래도 정권을 유지할 만한 의석을 가지고 있었다. 당시 영국의 정계에는 문제가 되는 법률이 많았지만, 15세기 이후 그대로인 선거법 개정이 긴급 문제였다. 이것을 둘러싸고 사회가 들썩였다. 토리당 일부가 휘그당으로 편입하여 정권이 이동했다. 그레이의 휘그당 내각이 출범했다. 하원 선거에서 신정부는 크게 이겼으나 상원 보수파가 선거법 개정을 방해하여 내버려두면 자칫 혁명도 일어날 수 있었다. 곧바로 상원이 개혁되어 선거법 개정안이 통과했다. 인구 비율에 따른 의원 정원이 정해지고 선거권도 확대되었다 (비글호 출항 후인 1832년 6월). 그러나 그것을 바라며 산업자본가와 손잡고 싸웠던 노동자 계급에까지는 미치지 못했다.

이런 시대였으므로 다윈이 정치적 관심을 강하게 가졌던 것도 당연해 보인다. 게다가 그의 아버지 로버트 워링이나 웨지우드가 사람들도 꽤 강하게 휘그당을 지지했다. 다만 한 가지 주목해야 할 점은 그가 휘그당을 지지한 큰 이유 중 하나가 식민지의 노예제도와 관계있다는 사실이다. 다윈은 노예제도를 매우 증오했다. 그는 당시의 진보적 정당으로서의 휘그당이 노예를 해방하고 식민지의 민중 생활을 개선할 것을 기대했다.

혹자는 말한다. 토리든 휘그든 모두 본질은 같은 부르주아 정당이라고. 다윈이 휘그당을 지지한 것도 그저 자신의 부르주아적 면모를 나타낼 뿐이라고 말이다. 또 이렇게도 말한다. 다윈은 노예에게 동정을 보였지만 식민지의 노예와 다름없는 삶을 살아야 했던 일부 영국 노동자 계급에 대해서는 눈을 감았다고. 영국 노동자의 비참한 생활은 웨지우드 도예 공장에서 충분히 볼 수 있었을 터고, 더욱이 훗날 다윈의 노예 해방론에는 일정한 한계가 있다는 것이 명백하다고.

다윈이 당시 사회 조직을 더욱 예리하게 통찰하고 프롤레타리아 계급의 상태에 동정하며 그들의 편이 되어 싸울 용기를 가졌다면 그는 더욱 위대한 인물로서 칭송받았을지도 모른다. 그러나 그렇지 않다고 해서 그의 가치가 떨어지는 것은 아니다. 우리는 청년 다윈이 한 걸음씩 성장하여 자기 삶의 다양한 방면에 존재하던 모순을 해결하고 조화를 꾀하며 끊임없이 합리성을 지니려고 노력하는 모습을 더욱 동정 어린 눈으로 보았으면 한다. 후반생의 다윈과 청년 시절의 다윈을 같은 척도로 재는 것도 잘못되었다고 생각한다.

"나는 토리당이 기독교 국민의 수치인 노예제도에 관해 냉혹하다는 그 이유만으로도 당원이 되고 싶지 않습니다."(1832년 5월 18일자, 비글호 선상에서 헨슬로에게 보낸 편지)

케임브리지에서 다윈은 강의에서 배운 바는 거의 없었다. 그가 박물학자가 되는 기초를 만든 것은 완전히 교실 밖에서였다. 그리고 그가 나중에 인정받는 학자가 된 후에도 그는 대학교수가 되지 않았다. 강단에 서는 과학자는 강의를 위해 시간을 빼앗길 뿐 아니라 이른바 관료적인, 형식적인 틀에 발목 잡히기 쉽다. 뷔퐁, 이래즈머스 다윈, 라마르크. 찰스 다윈의 선구자는 모두 대학교수가 아니다. 라마르크만이 노년에 파리의 박물관 강단에 섰을 뿐이다. 이는 훗날 러시아의 진화론자 메치니코프가 말한 내용인데 일리가 있다.

4. 승선

  1831년 상반기, 학사 시험을 통과했지만 아직 대학에 남아야 했던 다윈에게 헨슬로는 지질학 공부를 추천했다. 헨슬로는 그를 진짜 박물학자로 키워야겠다고 생각한 것이리라. 다윈은 이 추천에 따라 슈루즈베리 인근의 지질도를 만들어보기도 했다.

  우연히 그해 8월에 지질학 교수인 세지윅이 웨일스 북부의 지질학을 연구하러 떠나게 되었다. 헨슬로는 세지윅을 설득해 다윈을 데려가게 했다. 세지윅은 슈루즈베리에 있는 다윈의 집에 와서 하룻밤을 묵고 다음 날 아침 다윈과 함께 출발했다.

  세지윅은 다윈을 자신과 평행하게 걸으며 지질도를 작성하게 했다. 쿰아이드월이라는 곳에서 두 사람은 열심히 표석漂石(빙하가 평지로 운반해온 돌)을 찾았지만 찾지 못했다. 그러나 나중에 다윈이 조사했을 때는 금세 찾을 수 있었다.

  다윈은 세지윅이 과학을 연구하는 방법에 조금 의문을 품고 있었다. 다윈은 세지윅이 자신의 집에 묵었던 밤에 슈루즈베리 가까운 곳의 자갈 구덩이에서 한 노동자가 발견한 열대산 고둥에 관해 이야기했는데 세지윅은 그런 일이 있을 수 없다고 말하며 만약 그게 정말이라면 지질학에는 최대의 불행이라고 말했다. 그야말로 세지윅이 말한 대로 조개는 누군가가 그곳에 버린 것으로 원래부터 묻혀 있던 것이 아니었다. 하지만 만약 그것이 정말로 사실이었다면 어땠을까? 사실이 과학에 대해 불행이 되다니, 대체 무슨 소리일까? 과학은 사실에서 출발하는 것이 아닌가?

아무튼 세지윅의 여행에 따라간 일은 정규 과학 교육을 받지 않은 다윈에게 매우 도움이 되었다. 비글호 항해를 하며 그가 각지의 지질학적 연구를 꼼꼼히 할 수 있었던 것은 이 여행에서 많은 것을 배웠기 때문이다.

그러나 건강하고 활기 넘쳤던 청년 다윈은 가을 새 사냥 시즌이 신경 쓰여서 견딜 수 없었다. 9월 1일부터 메이어에서 새 사냥을 하기로 되어 있었는데 그 전이라도 준비를 위해 한번 다녀와야 했다. 스노든 가까이에 있는 작은 마을에서 세지윅과 헤어져 지도와 컴퍼스에 의지하여 최단 경로로 바머스Barmouth에 도착한 후 그곳에서 슈루즈베리로 돌아갔다.

집에 돌아와보니 헨슬로에게서 한 통의 편지(8월 24일자)가 와 있었다. 그 봉투에는 케임브리지의 천문학 교수인 피콕이 헨슬로에게 보낸 편지가 함께 들어 있었다.

헨슬로가 피콕에게서 받은 편지에는 선장인 피츠로이가 티에라델푸에고섬, 남양의 섬들, 인도제도로 관측과 탐색을 위해 떠난다는 것, 그 항해에 동행할 박물학자를 구한다는 것, 그러니 누군가 적당한 사람을 추천해주었으면 한다는 것이 쓰여 있었다. 헨슬로는 다윈에게 꼭 자네가 가라고 권했다. 급료는 얼마나 받을지 모르겠지만 2년 예정이라고 쓰여 있었다. 헨슬로의 편지 말미에 피콕의 추신이 있었다. 실제로는 무급, 즉 사비였다.

그로부터 사흘간 다윈의 집은 큰 소동이 일었다. 찰스는 아버지에게 허락해달라고 졸랐으나 아버지는 목사가 될 사람이 박물학 탐험을 떠나는 것은 잘못된 일이라고 말했다. "만약 상식이 있는 사람이 가라고 추천한다면 가도 좋다"고는 말했지만 스스로는 찬성하지 않았다. 찰스도 일단은 포기하기로 했다. 그는 8월 30일자로 헨슬로에게 편지를 써서 아버지와 여자 형제들의 반대를 이유로 거절했다.

다음 날 아침 찰스는 무거운 마음으로 메이어에 갔다. 그는 웨지우드 가족에게 사정 이야기를 했다. '상식이 있는 사람의 찬성이 있다면'이라는 아버지의 말을 덧붙이는 것도 잊지 않았다. 외삼촌인 조사이어는 찰스의 아버지에게 편지를 써주었다. 그는 로버트 워링의 여덟 가지 반대 이유를 하나하나 반박하며 박물학의 연구가 목사로서의 장래에 걸림돌이 되지 않는다고 강조했다. 찰스는 조사이어의 편지를 자신의 편지와 동봉하여 다음 날인 9월 1일 아침 일찍 아버지에게 보냈다. 자신은 아버지를 거스르면서까지 가고 싶지 않다는 뜻을 전하면서도 다시금 아버지에게 항해를 허락해달라고 간청한 것이다. 조사이어는 아버지가 가장 신뢰하는 사람이었다. 하인을 보낸 후 찰스는 새 사냥에 나섰는데, 10시에 외삼촌의 집 하인이 부르러 와서 외삼촌이 그와 함께 슈루즈베리에 가겠다는 뜻을 전했다. 슈루즈베리에 도착해보니 아버지는 이미 마음을 바꾼 상태였다.

9월 2일 밤늦게 찰스는 케임브리지에 도착했다. 그는 피곤해서 곧바로 헨슬로의 집에 갈 힘이 없었으므로 아버지의 승낙을 받았다는 것과 내일 아침 찾아뵙는다는 내용을 적은 편지를 하인에게 들려 보냈다.

헨슬로의 이야기로는 처음 제닌스Jenyns에게 제안해서

짐까지 꾸리기 시작했으나 교회 일에서 손을 뗄 수가 없었기에 포기했다. 헨슬로 자신도 가고 싶지만 나이도 나이고 강의를 쉴 수는 없으므로 갈 수 없다고 했다. 찰스는 런던에 가서 피츠로이를 만났다.

찰스가 비글호에 타고 출항하기까지는 더욱 여러 가지 우여곡절이 있었다. 그 외에도 후보자가 있었다. 더욱이 라바터Johann Lavater의 골상학에 빠져 있던 피츠로이가 다윈의 코 모양이 항해에 맞지 않는 사람이라고 판단했다. 조건도 처음 이야기만큼 좋지 않았다. 그러나 일단 9월 초순 중에 찰스의 승선이 결정되었다.

피츠로이Robert FitzRoy(1805~1865)는 22세의 다윈보다 네 살 연상으로(주1), 해군 사관답게 시원스러운 성격이었다. 그는 명문가 출신이었으나 그만큼 사상은 보수적이었다. 다윈의 지인이자 피츠로이의 친한 친구였던 우드라는 인물이 다윈의 됨됨이를 보증해주었다. 다만 다윈은 자신이 휘그당 지지자라는 사실을 엄숙하게 선언했다. 피츠로이는 군인이 된 지 이미 7년이 지났고, 1826년부터 4년간 비글호의 부선장으로서 남미를 항해했다. 이전 항해 때 부

주1) 다윈의 한 편지에 피츠로이가 23세라고 쓰여 있으나 이것은 잘못이다.

하였던 사관 모두가 이번에도 동행했고, 전 선원의 3분의 2가 다시 승선을 지원했다. 이는 그가 부하들에게 좋은 평판을 받았기 때문이었다.

배는 당초 9월 10일 출항 예정이었으나 이전 항해에서 심하게 상한 부분을 수리하기 위해 일정이 연달아 미뤄졌다. 10월 10일, 20일, 11월 4일 등으로. 그동안 다윈은 동행할 예정이었던 하인 에드워드와 함께 소지품을 사서 준비했고, 슈루즈베리의 여자 형제들에게도 이런저런 일을 부탁했다(결국 하인은 동행하지 않고 다윈은 나중에 여행지에서 사람을 고용했다). 또한 플리머스로 돛대 세 개를 단 235톤의 비글호를 보러 갔다^(주2). 10월 24일부터는 플리머스에 숙소를 잡아 출항을 기다렸다.

그러나 출항은 또 미뤄졌다. 12월 3일에야 다윈은 겨우 배에 탔다. 배는 항구를 출발했지만 풍랑을 만나 뱃머리를 돌려야 했다. 그런 일이 두 번이나 있었다. 젊은 박물학자는 짜증이 일었다. 그는 심장에 이상을 느껴서 병을 의심했지만 의사에게 보이지 않았다. 항해를 못 하게 될

주2) 비글호는 이때 수리로 242톤이 되었다. 길이는 약 30m, 폭은 약 9m였다. 놋쇠로 만든 포 7문을 갖추고 있었다. 함장 이하의 선원은 74명. 주요 목적은 시차를 측정하고 경도를 정확히 결정하는 것으로, 22개의 크로노chronometer(경선의經線儀)를 싣고 있었다.

까 봐 겁이 났기 때문이다. 이윽고 풍랑은 잠잠해지고 바다는 평온을 되찾았다. 12월 27일 배는 플리머스항을 떠나 테네리페로 향했다.

18세기 후반부터 영국의 해외 발전에 따라 세계 각지의 측량이나 탐험을 위해 수많은 항해가 이루어졌다. 최초의 유명한 항해는 세 번에 걸친 쿡 선장의 세계 일주다. 첫 항해(1768~1771)를 한 인데버호에는 조셉 뱅크스가 승선했고, 두 번째 항해(1772~1775)에는 게오르크 포르스터가 동행했다. 1801년에는 로버트 브라운이 인베스티게이터호에 동승하여 오스트레일리아에 갔다. 비글호 항해 전에 다윈은 두 번인가 세 번 브라운을 방문한 적이 있다. 비글호 후에는 후커가 에레버스호, 테러호의 남극지방 탐험(1839~1843)에 참여했다. 후커는 출판된 지 얼마 지나지 않은 다윈의 『비글호 항해기』를 들고 갔다. 그는 그 후 인도에도 갔다. 헉스는 군의로서이긴 하지만 군함 래틀스네이크호에 승선하여(1846~1850) 오스트레일리아를 항해하고 생물학자로서의 기초를 닦았다. 1872~1876년에는 유명한 '챌린저호 탐사'가 이루어졌다.

위대한 항해 ▍

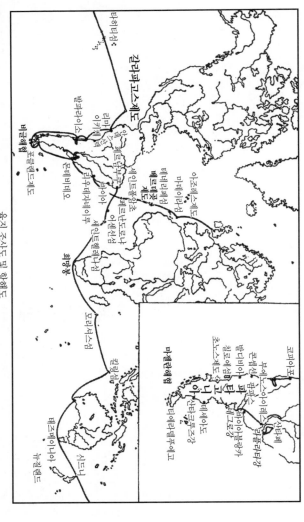

육지 조사도 및 항해도

1. 동요(배와 마음의)

플리머스를 출발한 후 열흘이 지난 1월 6일 아침, 테레니페의 산꼭대기가 보였다. 정상을 뒤덮은 눈이 열대의 태양에 빛나고 있었다. 동경하던 테레니페였다. 그러나 배가 닻을 내리자마자 검역소 배가 다가오더니 지금 영국에서 콜레라가 유행하고 있는 듯하니 선원의 상륙은 허가할 수 없다고 했다. 배는 곧장 닻을 올리고 카보베르데제도를 향해 나아갔다. 다음 날인 7일은 온종일 산꼭대기를 볼 수 있었지만 그다음 날에는 테레니페는 완전히 시야에서 사라졌다. 서북쪽에서 큰 파도를 만났다. 다윈의 실망을 싣고 배는 카보베르데제도에 있는 상티아구섬에 도착하기까지 만 10일의 항해를 이어갔다.

다윈이 출항 전에 피츠로이를 만나서 들은 이야기로는 항해는 2년 만에 끝나지 않을 것 같았다. 그러나 거의 5년 가까이 걸리리라는 것을 항해에 나선 직후인 다윈은 아직 예상하지 못했으리라. 5년 동안 계속 배에만 있었던 것은 아니지만, 배에 약했던 그는 흔들리는 선실 안에서 연신 뱃멀미에 시달렸다. 훗날 그가 건강하지 못했던 원인이 여기에 있다는 설도 있다. 긴 항해 중에는 향수병에 시달리는 일도 종종 있었다. 영국으로 향하는 배를 만나면 저기에 타버리자고 생각한 적도 한두 번이 아니었다. 그러나 다윈은 강한 의지력으로 겨우겨우 그 쓰라린 고생과 마음의 동요를 견뎠다. 5년간의 다윈의 발자취를 되도록 대부분 지도와 표로 정리해보려 한다[주1].

1831년
12월 27일 플리머스 출항
1832년
1월 6일　　테레니페 상륙 불가

1월 16일　상티아구섬(카보베르데제도)의 프라이아항에 정박

2월 16일　산파울(바닷속 분화로 생긴 화산섬)

2월 20일　페르난도노로냐

2월 29일　브라질 바이아(산살바도르). 3월 18일에 출항

4월 4일　　리우데자네이루. 마카이로 승마 여행. 보토포고만에서 거처를 찾아 부근을 조사. 7월 5일 출항

7월 22일　라플라타강 하구에 들어감

주1) 다윈의 병약한 몸에 관하여 이 책의 여러 곳(162, 164, 262쪽)에서 언급하고 있지만 그 주요 원인이 항해 중 1835년 3월 26일에 멘도사 근처에서 빈대의 일종인 벤추카에 물려서 트리파노소마를 병원체로 하는 샤가스병Chagas Disease에 감염된 적이 있다는 설이 현재로서는 유력하다. [Ralph Colp, Jr., To Be an Invalid, The Illness of Charles Darwin, 1977]

7월 26일 　몬테비데오(우루과이). 비글호는 몇 개월 동안 몬테비데오보다 남쪽 해안의 측량에 종사. 그동안 종종 배를 떠나 육상 조사. 가령 9월 7일 바이아블랑카(아르헨티나)에서 하선. 푼타알타 등 조사. 10월 26일 몬테비데오에서 라이엘 『지질학 원리』 제2권을 받는다. 11월 2일 부에노스아이레스. 1832년 후반과 1833년 후반 사이에 다윈의 족적은 종종 겹친다.

12월 17일 티에라델푸에고(남아메리카 남단). 비글해협 부근

1833년

1월~2월　티에라델푸에고 부근

3월 1일~4월 7일 포클랜드제도

　　　　 4월에서 6월에 걸친 10주간 라플라타강 북부 해안(우루과이)의 말도나도를 중심으로 팜파스(남아메리카의 대초원) 연구. 7월 24일 출항

8월 3일 　아르헨티나 네그로강 하구에 도착. 비글호와 잠시 헤어져 홀로 육상 여행. 부에노스아이레스(아르헨티나)를 향해 가다. 8월 20일경 바이아블랑카 도착. 9월 8일 바이아블랑카 출발. 9월 20일 부에노스아이레스 도착(400마일). 9월 27일 산타페 지방을 향해 떠났으나 병(말라리아라

고 함)에 걸려 강을 따라 다시 내려온 후 10월 초순 도착(300마일). 몬테비데오를 향해 출발. 여기에서 비글호를 만났으나 출항이 연기되어 11월 14일 우루과이의 네그로강 유역의 조사를 위해 출발. 같은 달 28일에 돌아옴

12월 6일 라플라타강을 떠나 아르헨티나 남부의 파타고니아 지방으로 향하다.

12월 23일 파타고니아의 데세아도항에 도착

1834년

1월 9일 생줄리앙

3월 16일 포클랜드제도

4월 13일 산타크루즈강 어귀. 피츠로이 등과 배로 상류 탐험. 코르디예라Cordillera산 정상을 우러러보며 5월 8일 돌아오다. 비글호는 산타크루즈강 어귀에서 고장 나서 수리 중이었다. 5월 12일에 수리 완료

5월 포클랜드섬에서 티에라델푸에고로

6월 23일 남아메리카 서해안을 돌아 칠레의 발파라이소 도착. 8월 14일부터 안데스 산기슭 등을 탐사. 9월 27일 도착. 귀로에 병이 나서 옛 학교 동창이었던 콜필드Caulfield 집에서 요양

11월 10일 발파라이소 출발

11월 12일 칠로에섬 도착

12월　　　초노스제도로 출발

1835년

1월 8일　다시 칠로에섬

2월 8일　발디비아 도착. 2월 20일에 대지진이 일어나다.

3월 11일 콘셉션항을 거쳐 발파라이소 도착. 안데스산
　　　　맥 탐사(3월 18일~4월 10일). 육로로 페루로 향하
　　　　다. 4월 27일에 떠나 코킴보, 카리살을 거쳐 6
　　　　월 23일 코피아포 도착(420마일). 7월 3일 코피
　　　　아포 부근에서 비글호와 만나 승선. 7월 12일
　　　　이키케항. 7월 19일에 리마의 항구 카야오

9월　　　태평양으로 출항. 갈라파고스제도. 10월 10일
　　　　에 출항해서 타히티로 향하다.

11월 15일 타히티섬의 마타바이항 도착. 26일 출항

12월 21일 뉴질랜드 도착. 30일 출항

1836년

1월 12일　시드니(오스트레일리아) 도착. 30일 출항

2월 5일　태즈메이니아(오스트레일리아 동남부의 섬)의 호바
　　　　트항 도착. 이틀 후에 출항하여 오스트레일리
　　　　아 남서부의 킹조지해협으로 향하다.

4월 1일   더욱 서쪽에 있는 킬링(코코스)섬. 산호초 형성
         원인을 조사하다.
4월 29일   모리셔스섬
5월 9일   희망봉을 돌다.
7월 8일   세인트헬레나섬
7월 19일   어센션섬
8월 1일   더욱 서쪽으로 항해하여 바이아(브라질)에 도착
         하다. 비글호가 항해 첫해에 관측한 내용을 확
         인하기 위해서였다. 6일 출항
8월 12일   페르남부쿠. 19일에 브라질 연안을 떠나다.
8월 31일   상티아구섬 프라이아항. 그곳에서 아마조레
         스제도를 거쳐 10월 2일 영국 파머스항으로
         돌아오다.

　이것은 위대한 항해였다. 평탄하고 수목이 없는 광야인
남아메리카의 지하에 파묻힌 거대한 짐승과 갈라파고스
제도의 동물이 안겨준 인상은 다윈의 가슴속에 생물 진화
라는 사상을 싹트게 했거나, 혹은 의식 아래에서 불러일으
켜 그것을 점차 공고히 다지게 했다.

　나는 이 여행 중 일어난 다양한 이야기 전부를 기술할
만한 여유는 없다. 항해 중에 일어난 사소한 일까지를 이

작은 책에 열거할 필요도 없으리라. 나는 많은 사람이 다윈의 위대한 항해를『비글호 항해기』[주2]를 통해 알게 되기를 희망한다. 『종의 기원』을 어려운 것으로, 혹은 흥미가 없는 것으로 느끼는 사람들도 '항해기'에는 틀림없이 깊은 흥미를 느낄 터이다.

다윈은 여행 중에 한 번도 화낸 적이 없었다. 상관이나 선원 누구를 대할 때든 항상 친절했고 그들과 사이가 좋았다. 그가 끊임없이 뱃멀미에 시달렸던 것이나, 그의 젊은 나이를 생각하면 이는 놀라운 일이다. 어떤 경우라도 언제나 명랑하고 쾌활하게, 활기찬 활동력을 보일 수 있는 마음의 여유는 어떻게 형성된 것일까? 천성도 있으리라. 또한 가정 안팎의 지식 계급적인 분위기도 그 기초를 만드는 하나의 요소였으리라. 하지만 그것만으로는 충분하지 않다고 생각된다. 어머니가 없는, 어딘가 고집스러운 분위기

주2) 다윈의 항해 기록은 최초로 피츠로이의 'Narrative of the Voyages' 제3권으로서 나왔다('Journal and remarks', 1839). 같은 해에 이 제3권만이 독자의 요구에 따라 중쇄를 찍었고 이것에 'Journal of researches'라는 제목이 달렸다. 1845년에 개정되어 제2판으로서, 또한 독립 단행본으로서 'Journal of researches into the natural history and geology of the countries visited during the voyage of H. M. S. Beagle round the world'가 나왔다. 1860년에 개정판이 나왔는데 책 제목도 'A naturalist's voyage round the world'가 되었다. 이 전기에 인용한 것은 1845년 제2판인데 다윈의 사후에 간략한 전기를 추가하여 나온 판(Ward, Loch Co. London)이므로 다윈 생전의 판과는 쪽수가 약간 다르다(10쪽 정도 차이가 난다).

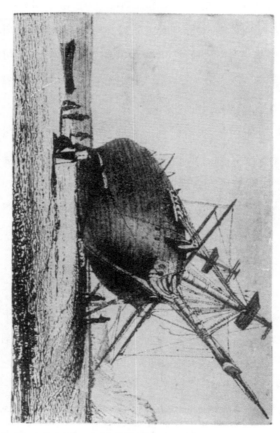

수리를 위해 산타크루즈강 어귀에 누워 있는 비글호. C. Martens 그림

(1834년 4~5월)

가 고여 있던 그의 가정의 나쁜 면도 그의 인격 형성에 어느 정도 공헌했는지 모른다. 그것과 싸움으로써 그의 인간성이 구축된다는 것도 생각하지 못할 것은 아니다. 빈곤이 언제나 인간을 갈고닦는다고 할 수 없지만, 어떤 때에는 그것이 인격 형성에 큰 토대가 되는 것과 마찬가지로.

그러나 다윈에 관해 우리는 아직 구체적으로 알지 못하는 것이 지극히 많다고 나는 생각한다. 자서전은 다윈이 자신의 위대함을 다른 이들에게 알리지 않으려는 태도로 쓰여 있다. 혹은 다윈은 후세의 우리가 나의 위대함을 평가할 수 있는지 놀리고 싶은 마음도 있었는지 모른다. 그의 문장이 매우 좋고 그의 눈이 아름답고 맑다는 것이 전해지고 있지만, 그런 것을 생각하면 거인 다윈에 관해 우리의 이해는 아직 불충분하다는 생각이 든다.

다윈과 주변 여성들과의 관계도 그다지 명확히 드러나지 않았다. 물론 누구든 가정 내부에서 일어난 일이나 지극히 개인적인 문제에는 숨겨진 비밀이 남을 수 있다. 여성에 대한 감정이나 여성과의 교류는 과학자의 전기에서도 때로는 소설과 다를 바 없는 중요성을 지니는 것인데, 충실한 전기를 쓰려 할 때 우리는 언제나 이 문제에 관해 곤란함에 부딪힌다. 다윈의 사후에 발표된 전기의 자료에서는 가까운 이들의 배려로, 여성과의 교류를 암시한 부분이 삭제되었기에 그것에 관해 아는 것이 더욱 곤란해졌다. 아니 오히려 오해를 빚었다. 다윈의 손녀인 노라 발로에 의해 발표된, 항해 중 그가 쓴 몇 통의 편지 등이 여성에 대한 다윈의 관심을 알 수 있는 실마리를 주기는 했지만, 그렇다 해도 우리가 여러 가지로 억측을 섞지 않으면 풀지 못하는 수수께끼를 제공하는 데 그친다고 할 수 있다. 그러나 일단은 지금까지 쌓여왔던 오해를 씻기 위해서 도움이 되기는 한다.

다윈이 항해 중에 쓴 편지(주3)에는 두 여성의 이름이 빈번히 나온다. 그것은 페니 오언과 샬럿 웨지우드(주4)다. 엠마라는 이름은 어디에도 보이지 않는다. 1832년 2월에 브라질 바이아에서 쓴 첫 편지는 아버지에게 보내는 것이라고 쓰여 있으면서도 왠지 여자 형제들에게 말하는 기분이 들었는지 그 말미에 '가족 모두에게 인사 전해줘. 그리고

주3) 'Life and letters'에는 항해지에서 가족들 외에 헨슬로, 폭스, 허버트, 휘틀리 등에게 쓴 편지가 게재되었다. 'More letters'에 실려 있는 것은 오로지 헨슬로에게 보낸 편지뿐이다. 노라 발로가 낸 책에 실린 것은 모두 가족에게 보낸 것이다. 외삼촌인 조사이어에게 보낸 편지는 귀국 직후에 짧은 보고 한 통만이 'More letters'에 있다.

주4) 조사이어의 딸, 즉 엠마의 언니라는 것이 틀림없으리라고 본다.

오언가 사람들에게도'라고 쓰여 있다. 이것을 통해 다윈이 페니를 마음에 품고 있었다는 상상도 하게 되지만 이것만으로는 단정 지을 만큼 큰 근거는 되지 않는다[주5]. 다윈이 항해 중에 샬럿에게 편지를 보낸 것은 자신의 편지글로 보아 명백하지만, 웨지우드가의 다른 인물과는—외삼촌조차도— 편지를 주고받은 흔적이 없다는 사실은 의외로 다가온다. 애초에 전혀 편지를 주고받지 않았다고 단정할 수는 없지만.

그렇다면 항해하던 여기저기에서 쓴 다윈의 편지(모두 여자 형제에 보낸 것)를 통해 그와 여성들의 교제의 실마리를 찾아보기 위해 노력해보자. 그럼으로써 다윈이 어떤 기분으로 항해를 이어갔느냐는 것에 대해 희미한 상상을 할 수는 있을 테니까.

"누나[캐롤라인]들이 보낸 것과 함께 샬럿이 보낸 편지도 받아보았어. 아름다운 전원의 교회나 그 외에 천국처럼 훌륭한 풍경이 쓰여 있었어. 뱃사람들이 하듯 그렇게 쉽

주5) 키스가 쓴 다윈 전기A. Keith, Darwin Revalued(1955)에 따르면 다윈이 21세 무렵 사라 오언과 연인 관계였다는 소문이 있다. 사라와 페니는 자매다. 사라는 훗날 판사인 핼리버튼의 부인이 되었다.

게 결혼을 하다니 놀라지 않을 수 없었어. 그런 방식이 유행이라고 들었지만. 페니는 마치 승마하듯 일을 진행한 것 같아. 당사자들에게는 그저 기쁜 일이겠지. 하지만 나는 유부녀가 된 여자보다 결혼하지 않은 여자가 더 좋으니 재미있지 않은 방법이라고 생각해. 운명이 이끄는 대로 되겠지만 지금으로 봐서는 나는 교회에는 들어가지도 못할 것 같아. 나는 누나가 아직 다윈 아가씨니까 이런 말을 쓰는 거야. 사실대로 말하면 누나가 어쩔 생각인지 나는 무척 알고 싶어. 수전 누나는 아마도 프라이스의 아내가 되겠지. 나는 샬럿에게 편지를 쓰고 싶지만 어떤 식으로 써야 할지, 어디로 부쳐야 할지 잘 모르겠어. 이 결혼은 뭔가 잘못됐다는 생각이 들어. 메이어가는 지금까지의 절반도 남지 않았잖아. 우드하우스[오언가를 가리킴]도 마찬가지야. 페니는 아마도 비덜프의 아내가 되지 않았을 테지만, 만약 정말 그게 사실이라면 나는 예쁘고 사랑스러운 페니를 계속 부르면서 잠들 거야. 나는 생각에 잘 잠기는 편이지만 지금은 생각하는 것도 쓰는 것도 할 수가 없어. 아니, 그래도 정말로 다정한 마음으로 '아름다운 페니'라고 이름을 불러보곤 해. 하지만 한편으로는 햇살이 좋은 아름다운 메이어가의 화단이 생생하게 떠오르는 건 왜일까. 나는 완전히 혼란에 빠져서 생각도, 감정도, 편지의 문장도 엉망진창이야. 그러니 울고 웃으면서 말할게. '누나, 잘 자.'"(1832년 4월 5일, 리우데자네이루에서. 캐롤라인에게 보낸 편지)

다윈이 항해를 시작한 지 얼마 지나지 않아 페니는 비덜프 부인이 되었고, 샬럿은 찰스 랭턴과 약혼했다. 다윈이 샬럿에게서 받은 편지에는 페니가 결혼하는 모양이라는 내용이 쓰여 있었으리라. 샬럿이 교회 같은 말을 꺼낸 것은 자신의 약혼을 은연중에 드러내려 한 것인 듯한데, 다윈과의 관계를 나타낸 것이라고 파악할 수도 있다. 다윈의 편지로는 어느 쪽인지 확실히 알 수가 없다. 먼 항해지에서 편지를 주고받는 데는 매우 긴 세월이 걸리는 시대였다. 여행지에서 다윈이 느낀 초조함을 전하는 말이 같은 편지에도 달리 있지만, 그것은 생략하기로 하자.

"나는 이들의 결혼에 아직 놀라움이 가시지 않아. 메이어와 우드하우스는 그냥 잠자코 있었으면 좋았을 텐데.

나는 오언 씨와 페니에게 무척 친절한 편지를 받았어. 오
언 씨의 편지에는 아버지에 대한 깊은 우정이 그려져 있
었어. … 나는 샬럿, 오언 씨, 폭스, 헨슬로 교수님, 그리
고 허버트에게 편지를 썼어. 편지가 무사히 도착할지 언
제나 걱정이 되므로 그것을 확인하기 위해 말해두는 거
야."(1832년 5월, 리우데자네이루의 보토포고에서 여동생 캐서린에게 보낸 편지)

항해 도중 다윈이 적은 노트에는 이러한 감정의 동요
는 기록되어 있지 않다. 그것에 기록된 단편은 주로 연구
에 관한 일이다. 다윈이 받은 편지는 전혀 발표되지 않았
으므로 우리는 다윈 자신의 편지에서 사실을 알거나, 혹은
억측을 하는 수밖에 없다. 1833년 편지에도 샬럿이나 오
언 씨에게 편지를 받았다는 기록이 있다. 그러나 그런 것
들은 생략하고 더욱 시간이 흐른 후의 편지에서 발췌하기
로 하자. 한 가지 주목되는 점은 다윈이 여자 형제들 이외
의 여성이나 이 사람 저 사람의 결혼에 대해 언급한 편지
는 모두 캐롤라인과 캐서린에게 보낸 것으로, 수전에게 보
낸 것에는 그것에 관한 기록이 없다. 수전이 프라이스 부
인이 되지 않고 평생 독신으로 살았던 것을 생각하면 그녀

의 결혼에 뭔가 문제가 생긴 것으로 추측되나 편지에 그런 내용은 쓰여 있지 않다.

"오언가 사람들에게 꼭 인사 전해줘. 나를 잊지 않고 있는 페니에게 내가 이렇게 멀리에서 어떻게 감사해야 좋을지 모른다고 꼭 말해줘. … 조스(조사이어 웨지우드-역자 주) 삼촌과 웨지우드 가족들에게도 안부 전해줘. 샬럿(결혼 후 바뀐 이름은 누구나 부자연스럽게 들릴 테니 이렇게 부를게)에게 내가 매우 무사히 지낸다는 것을 알리는 편지를 쓰고 싶다고 전해줘. 하지만 썼다 한들, 이 편지를 베끼는 일만 될 테고, 나는 지금 무수히 많은 동물을 액체에 담그거나 인식표를 붙여야 해. 내 마음이 추처럼 흔들리던 나날에 메이어에서 받은 기분 좋은 대접을 잊지 않고 있어. 누구보다도 아버지께 인사 전해줘. … 낸시[유모]에게도."(1834년 4월 6일, 이스트포클랜드섬에서 캐서린에게 보낸 편지)

"내가 귀국한 후에도 계속 교류하고 싶은 사람들은 모두 이 두[메이어와 우드하우스] 가문 사람들이야. 내가 떠나고 나서 어떻게 바뀌었을까. 이 아득하게 먼 곳에서 보면 뭐든지 나 자신이 그 속에 있던 때보다도 훨씬 빨리 변해버리는 것 같은 기분이 들어. 이래즈머스 형은 결혼할 생각인가? … 나는 여러 사람에게 편지를 써야 하는데 지금은 정말로 여유가 없어. 페니가 다정한 편지를 보내주었기에 감사하고 있어. 지금 다시 읽어본 참이야. 페니의 펜의 흔적을 보고 있자니 항해를 마치고 돌아갈 날이 너무도 기다려져."(1834년 7월 29일, 발파라이소 남쪽에서 캐서린에게 보낸 편지)

"샬럿에게 편지를 썼어. 페니에게 보내는 편지도 동봉했으니 전해줘. 나는 페니의 지금 주소를 모르니까."(1835년 12월 27일, 뉴질랜드에서 캐롤라인에게 보낸 편지)

이들 편지에서 여행지에서의 다윈의 마음의 동요와 또한 그것이 그의 자연에 대한 관심에 어떻게 영향을 주었는지를 추측하는 일을 나는 독자들에게 맡기려 한다. 귀국하고 2년 반이 지난 1839년 4월에 다윈은 형 이래즈머스의 여자 친구였던 여자 작가 미스 마티노의 방에서 그녀에게 보낸 페니의 편지를 발견했다. 페니는 시골 생활에 점차 익숙해졌다는 것을 그 편지에 썼다.

2. 라이엘의 지질학

"테네리페에서 상티아구까지의 항해는 더없이 유쾌했습니다. 선미에 그물을 쳐서 진귀한 동물을 많이 잡아서 저는 선실에서 일에 쫓겼어요. 하지만 갑판에 나가보면 공기가 엄청 맑아서 하늘과 바다가 한 폭의 그림 같았어요. [1월] 16일에 카보베르데제도의 수도인 프라이아항에 도착했고 그곳에 23일간, 즉 2월 7일인 어제까지 체류했습니다. 시간은 환희에 차서 흘러가고 있어요. 실제로 이보다 더 유쾌할 수는 없을 것 같아요. 매우 바쁘긴 하지만 이 바쁨은 의무이기도 하고 큰 기쁨이기도 합니다. 테네리페를 떠난 후 30분도 게으름을 피운 적이 없을 거예요. … 화산지대의 국가의 지질 연구만큼 기대되는 것은 없지만, 그것은 연구 그 자체가 기대될 뿐 아니라 무척 아름답고, 심지어 사람들을 볼 수 없는 땅에 갈 수 있기 때문입니다."(아버지에게 보낸 첫 편지. 1832년 2월 8일, 바이아에서)

"상티아구에서 내 박물학과 더없이 즐거운 노동이 시작되었어. 3주 동안 나는 해양 동물의 대군집을 채집해서 지질학 연구 여행을 이따금 했어."(같은 해 5월, 폭스에게 보낸 그는 항해 중 배 갑판에 육지에서 바람을 타고 실려 온 미세한 먼지가 떨어지면 그것을 모아 관찰했고 해수에 변화가 보이면 곧장 그것을 떠서 조사했다. 육지에 올라가면 동물과 식물의 종류, 그것들의 화석, 암석, 지질의 성질, 동식물의 생육 상태나 풍경 등 온갖 것을 관찰하고 채집하여 표본에 관찰 기록을 덧붙여서 헨슬로에게 보냈다. 그 표본들은 일부는 곧바로 세지윅 등에 의해 이용되었으나 대부분은 다윈이 귀국할 때까지 헨슬로가 보관했으며, 귀국 후에 다윈 자신과 각 전문가에 의해 조사되었다. 다윈은 다른 학자들이 조사한 것도 자신의 지식 속에 새겼다. 『비글호 항해기』는 항해 중의 글이나 관찰뿐 아니라 이러한 지식을 모아 정리해서 쓰여 있다.

그것은 차치하고 이 항해에서 다윈이 한 연구의 노력과 그 성과는 훌륭했다. 오늘날까지 행해진 제아무리 대단한 탐험 항해에서도 이 정도로 위대한 유산이 되어 후대에 남겨진 것은 없다고 할 수 있으리라.

"저는 일전에 훔볼트를 찬미했는데 지금은 거의 숭배하고 있다고 해도 좋을 정도입니다. 처음으로 열대에 발을 들인 자의 마음에 일어나는 감정을 전할 수 있는 사람은 훔볼트뿐입니다. … 세지윅 교수님께 제가 교수님의 웨일스 북부지역 조사 여행에서 얼마나 덕을 보고 있는지 모르겠다고 말씀해주세요. 그 여행은 지질학에 대해, 무슨 일이 있어도, 아니 버릴 수 없을 정도의 흥미를 저에게 가져다주었으니까요."(1832년 5월 18일자, 헨슬로에게 보낸 편지. 리우데자네이루에서)

다윈이 비글호를 타고 항해하는 동안 그렇게까지 훌륭한 관찰력을 보일 수 있었던 것은 훔볼트의 저작과 헨슬로, 세지윅 등에게 받은 지도의 덕을 톡톡히 보았을 터이다. 다윈이 비글호에 승선할 수 있었던 데는 수많은 우연이 겹쳤다. 그러나 동시에 다윈이 그 사람들의 지도를 통해 승선하는 데 더없이 알맞은 자격을 갖추었다는 필연도 엄연한 사실이었다.

항해를 나선 후 다윈은 배우거나 의논하기 위한 스승을 단 한 명도 두지 않았다. 그는 미지의 자연이 품고 있는 경이로움을 체험하고, 자연 그 자체에서 배우면서 성장했다. 그것은 귀중한 것이었다. 왜냐하면 대학교수는 개개의 관찰이나 지식의 정리에 대해서는 그를 지도할 수 있었겠으나 반면에 그의 자유로운 선입견 없는 사고를 방해하고 위대한 사상의 싹마저 잘라버렸을지도 모르기 때문이다.

이렇듯 자연 그 자체가 그의 스승이었는데 그 외에 그에게 강한 영향을 준 것이 하나 있었다. 그는 가지고 간 한 권의 책에서 누군가의 입으로 듣는 것보다 많은 지식과 교훈을 얻었다. 그것은 라이엘의 『지질학 원리Principles of Geology』(주1)이다.

헨슬로는 피츠로이에게 다윈을 가장 먼저 '지질학자'로 추천했다. 항해 직후에도 다윈이 가장 먼저 종사한 과학은 지질학이었다. 항해 중에 다윈은 수많은 과학의 영역

주1) 나는 『지질학 원리』 제6판(1840년)밖에 읽지 못했기 때문에 워드의 『다윈전』 인용문(초판)과 이것을 대조했다. 그러나 워드에 인용되지 않은 부분으로 내가 인용한 부분은 초판과 얼마간 다를지도 모른다. 제1권(1830년), 제2권(1832년)의 초판에 이어 두 권의 재판이 출간되었고 그 후로 제3권(1833년)이 나왔다. 제3, 제4, 제5판은 4권으로 되어 있다. 제5판의 이듬해(1838년)에 'Elements of Geology'가 간행되었고, 그 내용 대부분이 제4판과 중복되었기에 제6판에서는 제4권의 일부 장을 제1권으로 돌리고 제4권을 없앴다. 제6판(그 이전의 판에서도 마찬가지이리라)의 제3권이 초판의 제2권에 해당하며, 제1, 제2 양권이 초판의 제1권에 해당한다. 즉 초판의 제1권이 2권으로 나뉜 것이다. 제6판의 제1, 제2 두 권을 합치면 33장이 되며, 초판의 제1권 26장보다도 7장이 많다. 이 중 4장이 제4권에서 이동된 것, 3장이 초판 이후에 추가된 부분이다.

을 오가는 관찰을 했지만 어떤 관찰을 할 때에도 그곳에 그의 지질학자로서의 눈이 작용했다. 그 눈이 없었다면 화석을 조사해도, 생물의 변이를 관찰해도 그러한 것들로 부터 종합된 결론을 도출하지는 못했으리라. 다윈의 지질 학이야말로 그의 진화론의 거대한 배경이다. 그는 배 안 에서 라이엘을 읽는 데 몰두했고, 라이엘에게 배운 눈으로 자연을 바라보았다. 라이엘은 지질학의 혁명가였다. 그보 다 오히려 지질학을 진정한 과학으로서 기틀을 마련한 사 람이었다. 다윈은 남반구의 자연이 보여주는 모습이 라이 엘의 학설을 증명하는 것이며, 이 학설에 따르지 않으면 이해되지 않는다는 사실을 알았다. 다윈에게는 미지의 학 자 라이엘이 지금껏 어떤 학자보다 더욱 그의 실질적인 지 도자가 되었다. 『비글호 항해기』는 그가 라이엘에게 지식 을 인정받은 후에 나온 것이지만, 그것이 세지윅이 아니라 라이엘에게 바쳐진 것은 이 때문이다. 1845년에 나온 제2 판 날개에는 다음과 같이 쓰여 있다.

"이 항해기, 나아가 저자의 다른 노작이 가지는 과학상 의 가치는 어떤 것이든 그 주요한 부분이 저명하고 탁월

했다. 지질학 원리를 배움으로써 얻을 수 있었다는 사실을 밝히기 위해 저자는 감사에 찬 기쁨으로 이 제2판을 왕립학회 회원 찰스 라이엘에게 바친다."

"재미있으니 꼭 읽어보게. 하지만 사실을 말하고 있는 것 외에는 마음을 빼앗겨서는 안 되네. 이론은 엉성하거든." 다윈이 떠날 때 헨슬로는 이렇게 말하며 『지질학 원리』 제1권(1830년)을 그에게 건넸다. 다윈은 항해를 이어가면서 그 책을 읽었다. '이론은 엉성하다'. 그러나 그것은 새롭고 혁명적인 이론이라면 늘 듣는 말이다.

라이엘은 처음에는 옥스퍼드대학을 나와 변호사가 되었지만 얼마 지나지 않아 그 직업을 그만두고 소년 시절부터 좋아했던 지질학에 전념했다. 28세에 왕립학회의 회원으로 선발되었다. 그때까지 영국 국내는 말할 것도 없이 알프스 지방, 프랑스, 네덜란드의 지질을 조사하고 유럽 대륙의 훌륭한 지질학자와 교류했다. 그 후에는 이탈리아 방면으로 가서 시칠리아섬에도 건너갔다. 그는 기존의 지질학에 과학적 연구의 원칙이 전혀 서 있지 않다는 사실을 간파했다. 무엇보다 나쁜 것은 지질학이 우주 개벽의 논의와 얽혀 있는 점이다. 지질학자는 노아의 홍수를 증명하려 하거나, 그러한 홍수가 노아 이전에 몇 번 일어났는지 조사하느라 전전긍긍했다.

그래도 18세기 후반부터 지질학이 걸어온 길은 개개의 지질학 현상의 지식을 점차 쌓아나갔다. 기존처럼 자연철학적인 맹목적인 이론으로 그들 개개의 지식을 체계를 세워서 처리하는 것이 어려워졌다. 성서를 글자 그대로 해석하는 것이나 성서의 다양한 기록으로 계산된 지구의 나이(약 6,000년이라고 한다)에도 의문이 생겼다. 다윈의 진화론이 종교의 편견과 싸우는 약 반 세기 전 무렵부터 지질학과 종교 간의 마찰은 커졌다.

이러한 상태였는데 완고한 지질학자들은 낡은 방식을 조금도 바꾸려 하지 않았다. 영국에서는 옥스퍼드의 버클랜드W. Buckland(1784~1856) 교수가 그 방식을 대표했다. 라이엘은 버클랜드와 그 아류들을 '사기 버클랜드 회사'라고 부르며 욕했다. 케임브리지의 세지윅도 버클랜드와 비교할 때 학문의 방법상 근본적으로는 다르지 않았다. 이 두 교수는 지질학의 전통에 반항의 신호탄을 쏘아 올리려던 젊은 라이엘을 지질학회 모임 석상에서 비웃었다.

라이엘의 지질학은 그저 하나의 원칙에 근거한 것이다. "우리가 회고할 수 있는 한 태곳적부터 지금에 이르기까지 현재 작용하고 있는 원인 외에는 어떤 원인도 존재하지 않았다. 그리고 그들 원인은 현재 그것들이 가져다주는 에너지와 다른 정도의 에너지를 가지고 작용한 적은 없었다." 한마디로 말하자면 자연을 뛰어넘은 조물주 제멋대로의 간섭은 없다는 것이며, 퀴비에의 천변지이설은 성립하지 않는다는 것이다. 그것은 또한 뉴턴 역학의 근본 원칙과 다르지 않다. 이 원칙은 물리학적 과학에서 우선 확립되고 나아가 지질학, 마지막으로는 생물학에서 확립되었다. 이렇게 되기까지 실로 오랜 세월이 흘렀다. 우리가 지금 합리적이라고 생각하는 것이 그렇게 되기까지는 험난한 역사의 시련을 거쳐야 했던 것이다. 그것을 생각할 때 누가 지식을 소홀히 다룰 용기가 있으랴.

라이엘이 자연의 제일성uniformity(齊一性, 자연은 동일한 상태 아래서는 동일한 현상을 일으키도록 하는 통일적인 질서를 견지하고 있다는 원리-역자 주)을 강조하고 있기 때문에 그의 설은 동일과정설uniformitarianism(同一過程說)이라고 불린다. 그러나 그것은 자연이 언제나 서서히 같은 속도로 변화하는 것을 의미하는 것이 아니다. 자연은 언제나 변하지 않는 자연의 힘, 자연의 원인에 의해 변화한다는 의미다. 그러나 라이엘에게는 천변지이설의 반동으로서 자연의 커다란 변화를 경시하려는 경향이 없었다고는 할 수 없다. 그것은 제쳐두고, 위와 같은 생각은 수많은 사람들에게 잊혀진 학자, 그리고 그 진화 사상을 라이엘에게 무참하게 반격받은 학자인 라마르크도 가지고 있었다. 그러나 라마르크보다 이전에 라이엘과 같은 영국인 허턴James Hutton(1726~1797)이 역시 같은 생각을 표명했다. 다만 학설의 기초 마련이 충분하지 않았고 시대도 성숙하지 않은 관계로 라이엘의 지질학만큼의 영향력은 갖지 못했다.

"베르너의 시대, 즉 18세기 말에조차 지질학은 광물학에 종속되는 하나의 분과로 치부되었던 것 같다. 데마레는 지질학을 물리지질학 속에 넣었다. 그러나 혼란의 가장 큰, 일반적인, 동시에 중대한 원천은 지질학 업무가 다음에 있다는 생각 속에 있었다. 즉 지구가 어떻게 생겨났는가 하는 것을 아는 것, 혹은 일부 사람들이 상상하듯 조물주가 이 유성을 그것이 생겨난 직후의 혼돈스러운 상태에서 더욱 완전하고 생물이 살 수 있는 조건으로 만들기 위해 가져온 우주론적 원인Cosmology(코스몰로지)의 영향을 연구하는 것이 바로 그것이라는 것이다. 허턴은 자신이 사랑하는 과학[지질학]과 우주개벽론(코스몰로니) 사이에 확실한 경계선을 그으려 한 최초의 인물이다. 그는 지질학이『사물의 기원 문제』와 아무런 변함이 없다는 것을 선언했다." 이는『지질학 원리』제1장에 쓰여 있는 말이다. 라이엘은 여기에서 지질학이 지구의 생성 원인이나 발전 역사와 관계가 없다고 말하는 것이 아니다. 지질학이 '우주개벽론'의 비과학과 연을 끊고 지구상의 자연의 온갖 힘을 연구해야 한다는 사실을 강조하고 있는 것이다.

버클랜드 일당은 라이엘이 경솔하고 비철학적이며 종교에 반한다고까지 이야기하며 비난했다. 그러나 라이엘은 무종교도, 반종교도 아니었다. 시대는 과학과 종교의 조화를 바라고 있었다. 산업혁명 이후 생산의 중요한 일환인 광산업에 밀접하게 연결되어 있던 지질학을 완고한 교설로 묶어두는 것은 사회가 용납하지 않았다. 따라서 종교 자신에도 불리했다. 종교가 중에서도 과학의 새로운 움직임에 따라가려는 사람들이 있었다. 과학 진보의 선두에 서 있던 학자들은 곧 신학이 자신들의 학설을 지지해줄 이론을 짜내주리라는 전망을 세우고 있었음에 틀림없다. 이것은 다윈과 그의 진화론에 대해서도 할 수 있는 말이다. 라이엘은 자신의 논의를 증명하는 방법으로서 페리를 인용했다. 그리고 다윈은 그 부분을 읽고 안심했다.

『지질학 원리』제1권 제2장에서 제4장까지가 지질학사를 서술하는 데 할애되고 있다. 라이엘은 베르너가 지질학의 경제적 중요성을 명확히 하고, 많은 사람들의 관심을 이 과학에 끌어들인 공적을 인정했다. 그러나 베르너가 지질학에 대한 열광을 일으켜 다수의 베르너 추종자를 만들게 된 것은 그가 지질학과 다른 지식 영역 내지 시적 공상과의 경계를 짓이긴 것에도 원인이 있다고 비난하고 있다. 게다가 베르너는 프라이베르크에서 거의 밖으로 나오지 않고 좁은 일개 지방의 지질학 지식으로 전 세계의 지질에 관한 학설을 세웠다. '혼돈스러운 액체'에서 온갖 암석이 생성되었다는 그의 수성론이 그것이다. 라이엘은 계속해서 수성론자와 화성론자의 논쟁을 검토하고, 나아가 허턴에게 언급했다. "허턴은 뉴턴이 천문학에서 이룬 것과 마찬가지로 지질학의 확고한 원리를 부여하려고 노력했다. 그러나 기존 과학의 진보가 아직 어려웠기 때문에 아무리 큰 재능을 지닌 학자라 하더라도 이 의도를 실현하기 위해 필요한 데이터를 얻을 수 없었다." 따라서 가장 필요한 것은 개개의 정밀하고 자세한 관찰 데이터를 갖추는 것이며 그 움직임도 일부에서 일었다. 런던 지질학회가 1807년에 창립된 것도 이 열정의 덕을 입은 부분이 크다(주2).

다음 몇 장은 고대와 현대에서 지질학적 변화의 원인이 다른 것이라는 의견이 왜 생겨났는가 하는 것을 음미하고, 이들 원인은 결코 다른 것이 아니며 항상 동일한 원인이 작용하고 있다는 그들 자신의 논의를 다루고자 한다. 그 다음에 오는 제9장이 '각 지질시대에서 생물의 전진적 발달의 학설'을 다룬다. 이 장만이 다른 장에 비해 주제도 독특하고 기술 방식도 다르다. 라이엘은 생물의 전진적 발달(즉 진화)에 대한 '통속설'을 부정하고 나아가 인간이 짐승류의 변화로 생겨난 새로운 기원인 것이 아니라는 사실을 강조했다. 그는 생물의 진화에 대한 지질학상의 반론을 열거했다. 새로운 지층보다도 오래된 지층에 고등한 동물 화석이 있는 예 등이다. 인간에 관해서는 다른 자연물과

주2) 미국의 지질학자 스티븐슨David Stevenson은 이 학회의 창립이 지구의 주관적인 연구에 대한 항의에 근거하는 것이라고 말했다.

다른 창조가 가정되었고, 자연력의 작용이 부정된다. "생물의 종이 발생하기 직전의 지구의 상태를 생각하면 현재와 마찬가지 원인이 작용하고 있다는 사실이 상상되지만 인간만은 예외다." 라마르크는 제1권에 어디에도 인용되지 않는다.

생물과 인간의 기원에 관한 라이엘의 견해에는 명백히 모순과 당착이 있다. 다른 장들에서 보이는 라이엘의 합리적인 사유와 과학적인 방법이 이 장에서는 단절되어 있다. 라이엘의 설에 따르면 모든 종이 한시에 생겨나서 드물게 잡종에 의한 변화를 발생시켰는데 그 경우에도 인간 외의 종의 형성이 신의에 따라 창조에 의한 것인가 아닌가 하는 것은 명확하게 기술되어 있지 않다. (다만 제2권에서는 신의 뜻에 의한 종의 개별적 창조 견해가 꽤 확실히 드러난다.)

다윈은 라이엘의 모순을 금방 알아차리지는 못했을지도 모른다. 그는 지질학 분야에서의 라이엘의 원리를 찬탄하는 마음으로 가득했을 테니까. 라이엘은 자신의 원리를 수많은 사실을 예로 들어 증명했다. 이 원리에 의해 다윈이 그동안 품었던 의문도 해결되었고, 당장 자기 앞에 보이는 남반구의 지질 현상도 설명되었다. 라이엘의 원리, 라이엘의 방법, 그것이 다윈의 가슴에 깊이 새겨졌다.

1832년 1월에 나온 『지질학 원리』 제2권을 다윈은 그해 10월에 우루과이의 몬테비데오에서 받았다. 역시 헨슬로가 보내준 것이다. 이 책은 거의 전부가 생물의 종과 그 화석에 관계있는 문제로 채워져 있다. 특히 첫 2장은 종의 변천 문제에 관해 이야기했는데, 그래서 라마르크에게 지독한 비판이 가해져 있다.

라이엘이 처음 라마르크를 읽은 것은 1827년, 『지질학 원리』 제1권의 원고가 써지고 있던 때였다. 그는 라마르크가 오랑우탄이 인간이 되었다고 말하는 남자로서의 용기에는 감탄했으나 종이 그렇게 크게 변화하는 것은 불가능하다고 생각했다. 적게 잡아도 10만 년 이상 전의 것인 에트나산의 조개껍데기 화석이 현생의 것과 전혀 다르지 않다. 라마르크가 말한 대로 오랑우탄이 인간으로 변하려면 얼마나 엄청난 세월이 필요하단 말인가.

라마르크에 대한 라이엘의 비판을 여기에 싣는 것은 그만두도록 하자. 다윈이 라마르크를 낮게 평가한 것은 라이엘이 그를 평가한 것에 직접 영향을 받았기 때문일 수도 있다. 그러나 더욱 근본적으로는 라이엘과 라마르크의 사이에 과학의 방법에서 큰 차이가 있다는 데 근거하고 있다. 아마도 다윈은 생물의 진화에 관한 자신과 라마르크 간의 사상적 친근성을 나타냄으로써 자신의 학설이 라마르크와 같은 사변적인, 비실증적인 것이라고 일반인이 생각하는 것을 경계한 것이리라. 우리가 라마르크의 생애의 일과 그의 학설을 검토하면 그가 단순히 사변적이지 않았다는 것을 알 수 있지만, 다윈의 시대에도 그 이후의 시대에도 라마르크에 대해 그러한 평가가 유포된 것이다[주3].

조부인 이래즈머스에 대한 다윈의 평가도 같은 이유에 근거한 것으로 보인다. 라이엘은 이래즈머스 다윈의 이름은 거론하지 않았다.

1835년 3월, 안데스산맥을 조사하던 다윈은 이 산맥의 동서 양측이 기후도 토양의 성질도 거의 같고 경도 차이도 거의 없는데 식물이나 동물의 종류가 현저하게 다르다는 것에 매우 놀랐다.

"이 사실은 안데스의 지질학상의 역사와 완전히 일치한

주3) 라마르크에게는 큰 오해가 한 세기 이상 이어졌다. 물론 라마르크와 다윈 사이에는 과학의 방법에 차이가 있다. 그러나 라마르크는 보통 사람들이 생각하는 것만큼 비과학적이지 않으며 공허한 사변가도 아니다. 그의 사상적 입장에 대해서도 오해가 많다. 졸저 『라마르크가 다윈에게』(니혼효론사)를 참조하기 바란다.

다. 왜냐하면 이 산맥은 동물의 현재의 모든 레이스가 생겨난 이후 큰 장벽이 되어 존재해왔기 때문이다. 그래서 우리가 동일종이 두 개의 다른 장소에서 창조되었다는 상상을 하지 않는다면 안데스 양측의 생물이 대양을 마주한 양안의 생물보다 더욱 닮았다는 것을 기대할 수는 없으리라. 이 두 장소에서도 거대한 바위와 해수의 장벽을 넘을 수 있는 생물은 논외다.

이것은 동물의 지리적 분포가 지질학상 변화에 의해 영향을 받는다는 라이엘 씨가 시작한 훌륭한 법칙의 일례에 지나지 않는다. 전체 설명은 물론 종이 불변한다는 가정에 근거한다. 만약 그 가정을 취하지 않는다면 두 개의 지역에서 종의 차이가 오랜 시간 동안 추가된 것이라고 생각할 수 있으리라. (『비글호 항해기』 315쪽)

이 구절은 다윈이 『비글호 항해기』 속에서 라이엘을 언급하는 수많은 부분 중 하나지만, 다윈의 진화 사상이 암시되어 있다는 점에서 흥미롭다. 당시에도 총명한 독자라면 다윈의 기술의 의도를 알 수 있었으리라.

그러나 라이엘 자신도 신종의 형성이라는 것을 마음속

에서 생각하지 않았던 것은 아닌 듯하다(주4). 그것을 나타내는 한 가지 일화가 전해진다.

다윈은 귀항 도중, 희망봉에서 천체 관측 목적으로 그곳에 머무르던 허셸을 만날 수 있었다. 다윈이 학생 시절에 감명을 깊이 받은 『물리학 입문』의 저자 본인이다(주5). 아마도 그때 『지질학 원리』가 화제에 올랐기 때문이리라. 허셸은 이 책(1835년 출간된 제4판, 4권이 되어 있었다)을 읽고 감격하여 세 번이나 읽었다. 그는 그것을 라이엘에게 편지로 써서 보낸다. 그 편지에서 당신은 새로운 종이 어떤 자연 법칙에 근거하여 발생하는 것이 틀림없다는 것을 솔직히 확언해야 한다고 단언했다. 라이엘은 자신의 고충을 지인인 휴얼에게 털어놓으며 "내가 허셸과 마찬가지로 새로운 종의 생성 및 기원이 기적적 과정에 의한 것이 아니라 차연의 것이라고 명백하게 밝힌다면, 이 신비의 문제에 대해 대중에게 설명하려 했던 철학자 누군가에게 늘 퍼부어졌던 편견들이 나를 향했겠지"라고 말했다.

휴얼, 라이엘, 허셸. 이들은 모두 넓은 의미에서 뉴턴 학

주4) 라이엘이 일찍이 진화를 생각하고 있었는지에 대해서는 의견이 분분하다.

주5) 즉 천문학자 윌리엄 허셸의 아들. 역시 천문학자. 허셸가는 윌리엄 시대에 독일에서 영국으로 귀화했다. 또한 윌리엄 허셸은 이래즈머스 다윈과 지인이었다.

파이며, 전통적인 영국 과학사상이 그들의 학문 속에 깊이 뿌리내리고 있다. 다윈도 이미 완전히 그들 학자의 반열에 들어선 것이다.

3. 팜파스와 갈라파고스

"비글호 항해 중에 첫째, 팜파스층 속에 아르마딜로를 닮은 딱딱한 등딱지가 있는 화석동물을 발견한 것, 둘째, 대륙을 남쪽으로 나아감에 있어서 근연近緣의 동물이 순차적으로 변해가는 모습을 보이는 것, 셋째 갈라파고스제도의 생물 대부분이 남아메리카적 특징을 띠는 것, 다섯째 특히 이 제도의 모든 섬이 지질학적 의미에서 매우 오래된 것으로는 보이지 않는데 생물이 각 섬에서 아주 조금씩 차이를 보이는 것 등에 나는 깊은 감명을 받았다."(자서전)

이런 사실이나 또 다른 수많은 사실이 종이 서서히 변화하는 것이라는 가정에 의해서만 설명된다고 다윈은 생각했다. 최근에야 발표된 항해 노트에 따르면 포클랜드제도

의 최초의 방문 때 그곳의 동물상과 남아메리카 대륙의 동
물상의 차이를 알아챈 것이 단초가 되었던 것 같다. 어느
쪽이든 항해 중에 생물이 진화한다는 사상이 다윈의 가슴
속에는 확실해졌다[주1].

　1833년 9월, 바이아블랑카에서 부에노스아이레스로 육
로 조사 여행을 이어가던 다윈은 중간에 있던 푼타알타에
서 거대한 짐승 화석을 다수 발굴했다. 그것들은 아홉 종
류의 동물에 속하는 것이었다. 첫 번째는 빈치류貧齒類(포
유류의 빈치상목 동물의 총칭이다. 빈치류는 이가 없거나 불완전한 이를
가진다.-역자 주)에 속하는 나무늘보와 근연종인 메가테리움.
두 번째와 세 번째도 이것과 유사한 것으로, 메가로니쿠
스와 케리도테리움. 후자는 거의 완전한 골격을 손에 넣
었다. 네 번째는 밀로돈 다위니로, 같은 종이지만 몸집이
약간 작다. 다섯 번째도 빈치류로 거대한 것. 여섯 번째는
아르마딜로(역시 빈치류)와 닮았고 구획된 등딱지가 붙어 있
는 몸집이 큰 동물. 여섯 번째는 멸종된 말의 일종. 여덟

주1) 다윈은 진화의 관념을 항해 이전부터 가지고 있었으나 항해 중에 싹튼 것인지,
　　아니면 확신하게 된 것인지, 아니면 항해 후의 것인지가 지금껏 논의되고 있
　　다. 갈라파고스제도 체재 중에 쓴 노트에 흉내지빠귀(학명 Mimus polyglottos-역자
　　주)의 지리적 변이에 대해 쓰인 메모에 따르면 적어도 그때는 진화 문제를 명백
　　히 의식하고 있는 듯하다.

번째는 후피류인 마크라우케니아(유제류有蹄類. 척추동물 포유류 중에서 발끝에 발굽이 있는 동물을 말한다-역자 주)로 보이는 것. 아홉 번째는 역시 유제류인 톡소돈. 커다란 코끼리나 메가테리움 정도의 크기도 있다. 이들 화석은 해안에 지극히 가까운 비교적 새로운 지층 속에 심지어 불과 200㎡ 정도의 지역 속에서 발견되었다. 이런 점에서 생각해보면 옛날에는 이런 동물이 다수 서식한 것으로 생각되었다. 실제로 이곳 외의 땅에서도 비슷한 화석이 여러 곳에서 발견되었다.

같은 해 11월에 다윈은 몬테비데오에서 여행을 떠났다가 돌아오는 길에 네그로강 지류를 따라 난 지점에서 톡소돈의 머리를 18펜스에 샀다. 그 기록 후에 다음과 같이 쓰여 있다.

"나는 이 진귀한 동물의 유해를 다른 두 곳에서도 발견했다. 그러므로 그것은 옛날에는 지극히 당연하게 여기저기에 있었던 것임에 틀림없다. 나는 여기에서 아르마딜로와 닮은 거대한 동물의 등딱지의 상당 부분과 밀로돈의 거대한 머리의 일부를 발견했다. 이 머리뼈는 매우 신선

한 것으로, 리크스 씨의 분석에 따르면 8%의 동물질을 포함하고 있다. 알코올램프를 갖다 대자 작은 연기를 피우며 탄다. 팜파스를 만들고 반다 오리엔탈Banda Oriental의 화강석으로 덮인 대하구의 퇴적층 속에 묻혀 있는 유해의 수는 틀림없이 매우 많을 것이다. 팜파스를 어떤 방향으로 가로지르는 직선을 그어도 반드시 뼈와 부딪힐 것이다. 나는 단시일의 여행 중에 발견한 것 외에 수많은 것의 이야기를 들었다. '동물강'이라든가 '거대짐승언덕'이라는 이름의 유래도 분명해졌다. 나는 작은 뼈를 크게 만드는 힘이 있는 신기한 강 이야기를 종종 들었다. 아니, 개중에는 뼈가 스스로 커진다는 것도 있었다. 내가 깨달은 바에 한해서는 이들 동물은 원래 그런 동물이 매장되어 있는 퇴적층 위를 가로지르는 강줄기에 의해 씻겨나간 것이지, 지금껏 상상되어온 것처럼 현재의 지상의 늪과 못, 진흙 하천 바닥 속에서 죽은 것이 아닌 것이다. 팜파스의 전 지역이 이들 절멸한 거대 동물의 일대 묘지라고 해도 좋으리라."(『비글호 항해기』, 161쪽)

다윈은 이들 화석동물이 그 옛날 어떤 생활을 했는지,

그 시대에는 주변 풍경이 어떠했는지, 화석동물과 현재 지상에 존재하며 그들과 닮은 동물과의 사이에는 관계가 없는지, 과거 내지 현재에 동일 혹은 유사한 동물을 가지는 지구상 각 지점은 어떤 연결점을 지니는지, 혹은 지녔는지 등을 생각했다. 이들 문제에 대한 생각을 발전시켜 결론을 내기 위해서는 첫째, 동식물과 그 화석의 종류, 형태, 생태, 분포, 그것들이 발견된 토지의 지리학 및 지질학에 관한 자세한 관찰이 필요하며, 둘째, 세계 각지의 지리학, 지질학, 동식물학에 대해 넓은 지식을 가져야 한다. 또한 셋째, 그들이 한 관찰과 지식을 기본으로 하여 합리적으로, 종합적으로 관찰을 진행할 능력이 필요하다. 다윈이 가령 다음 결론을 내릴 수 있었다는 것은 그가 이들 세 가지 조건을 충족하는 인간이었다는 사실을 증명한다.

"아메리카, 특히 북아메리카에는 코끼리, 마스토돈Mast-odon(장비목 마스토돈트와 마스토돈속에 속하는 절멸 코끼리의 총칭. 제3기 중기에 번성하였다.-역자 주), 소와 같은 동각[洞角, 안이 비어 있는 뿔]을 가지는 반추류가 있었으므로 그 동물상은 현재의 아메리카보다 유럽 및 아시아의 온난한 지대와 더욱 밀접한 관계를 지녔던 것이다. 이들 동속의 동물 유해가 베링 해협 양측과 시베리아 평원에서 발견된다는 점에서 볼 때 북아메리카의 북서쪽이 시베리아 동쪽 끝과 옛날에 연결됐던 지점이었다고 간주해야 한다는 말이 된다. 또한 이들 동속의 동물 중 다수 종이 현생하는 것이든 절멸한 것이든 동일한 대륙에 과거 존재했고 현재도 있으므로 다음 사실이 매우 확실한 것처럼 여겨진다. 즉 북아메리카의 코끼리, 마스토돈, 말 및 동각을 지닌 반추류가 나중에 해저에 잠긴 베링해협 부근의 육로를 통해 시베리아에서 북아메리카로 이주했고, 그곳에서 나중에 바다에 수장된 서인도제도 부근의 육지를 건너 남아메리카로 건너갔으며, 잠시 후 남아메리카 대륙 특유의 동물들과 섞였다가 그 후에 절멸한 것이다."(『비글호 항해기』, 140쪽)

그럼 다음으로 1835년 10월 8일부터 일주일간 갈라파고스제도의 제임스섬에 머무를 때의 기록을 보자.

"우리는 제임스섬에 도착했다. 이 섬은 찰스섬도 마찬가지지만, 훨씬 전부터 영국 스튜어트 왕조의 제왕의 이름을 따서 그리 불린 것이다. 비글호가 출항한 후 비노 씨, 그리고 우리의 하인은 식량과 텐트를 가지고 일주일 정도 이 땅에 머물렀다. 우리는 한 무리의 스페인 사람을 만났다. 그들은 말린 생선과 소금으로 절인 거북이 고기를 만들기 위해 찰스섬에서 왔다고 했다. 6마일 내지의, 약 2,000피트의 높이에 만들어진 오두막에 거북이를 잡는 남자가 두 명 살았고 다른 사람들은 연안에서 낚시를 했다. 나는 이들을 두 번 방문했고 하룻밤 묵었다. 다른 섬들과 마찬가지로 저지대는 거의 잎이 없는 관목 덤불로 덮여 있었으나, 이 섬의 수목은 다른 곳보다 성장이 좋고 직경이 2피트인 것도 있어서 2피트 9인치에 달하는 것조차 있다. 고지대는 구름 때문에 습기가 있어서 식물이 녹색으로 무성하게 자라 있다. … 고지대에 있는 동안 우리는 거북이 고기만 먹었다."

"이들[갈라파고스] 섬들의 박물학은 매우 진귀한 것이 많아 주목할 가치가 있다. 생물의 대부분은 특산이고 다른 토지에서는 볼 수 없다. 각각의 섬의 생물 사이에서조차 차이가 있다. 그러나 어떤 생물도 아메리카의 생물과 현저히 유연有緣을 보이고 있다. 심지어 이 섬들은 500마일 내지 600마일 되는 폭의 바다에서 아메리카 대륙과 분리되어 있다. 제도는 하나의 작은 세계를 이루고 있는데 오히려 아메리카의 한 위성이라고 해야 할 것 같으며, 그곳에서 소수 표류민이 도착하여 그 토착 생물의 일반적인 특징이 전해진 것이다. 이들 섬들이 작은 것이라는 것을 생각하면 특산 생물의 종류가 많은 것, 또 서식 범위가 좁은 것에 놀라움을 금치 못한다. 모든 고지대에는 분화구가 있으며, 대부분의 용암류의 경계가 아직 확실하지 않은 것으로 봐서 지질학적으로 최근 시기에 이 부근의 일면이 바다였다는 것을 믿지 않을 수 없다. 따라서 우리는 시간적으로도 공간적으로도 신비 중의 신비, 지상에서의 신생물의 최초의 출현이라는 위대한 사실에 어느 정도 가까워지고 있는 듯했다."

제도의 포유류로는 배를 통해 들어왔으리라 보이는 쥐 외에도 토착의 작은 쥐 한 종이 발견되었다. 이는 차사므 섬에만 있는 것처럼 생각되었다. 육조陸鳥 26종류 대부분이 희귀한 것이었다. 수조水鳥는 11종류가 살고 있었다.

파충류는 제도의 동물 중에 가장 뚜렷한 특징을 나타내는 것이었다. 종의 수는 많지 않았지만 개체의 수는 매우 많았다. 도마뱀, 뱀, 육지 거북, 바다거북의 각 종류인데 도마뱀의 친척인 암블리린쿠스는 이 제도의 특산 동물로 두 종이 발견되었다[주2].

"두꺼비나 개구리는 전혀 없었다. 나는 그것에 놀랐다. 온난하고 습기가 있는 고지대 삼림이 그러한 종들의 서식에 적합하다고 생각했기 때문이다. 나는 이러한 각 과의 동물이 대양에 있는 화산섬에는 전혀 발견되지 않는다는 뱅상의 말을 떠올렸다."

거북이나 암블리린쿠스의 습성 관찰, 어류, 곤충, 식물 등을 말한 후에 이렇게 말한다.

"나는 이 제도의 박물학의 더욱 훨씬 주목할 만한 모습을 아직 말하지 않았다. 그것은 각 섬에 상당한 범위에 걸쳐 각기 다른 동물이 분포한다는 사실이다. 나는 부지사

주2) 바다 이구아나와 육지 이구아나(대형 도마뱀). 현재에는 이 두 가지가 다른 속이며 갈라파고스 도래 후에 나뉘어서 형성된 것은 아니라고 간주되고 있다.

인 로손 씨에게 이 사실을 처음에 주의받았다. 그는 육지의 거북이 섬에 따라 다르다고 말하며 어떤 섬의 거북을 가져와도 확실히 맞힐 수 있다고 말했다. 나는 처음에는 이 말을 별로 신경 쓰지 않았다. 두 개 섬의 채집 표본을 섞어버린 경우조차 있었다. 50마일인가 60마일의 간격밖에 없었고, 대부분의 것이 서로의 시야 속에 있으며, 완전히 같은 암석으로 만들어져 같은 기후 아래에 놓였고, 거의 대등한 높이인 섬들에 다른 생물이 서식한다니, 꿈에도 생각하지 못한 것이다."

동물뿐 아니라 식물도 섬에 따라 차이를 보였다.

"각 섬에 서식하는 생물의 현저한 차이에 대해 내가 던질 수 있는 유일한 광명은 다음과 같다. 매우 강한 해류가 서방 및 서북서 방향으로 흘러가, 바다에 의한 이송에 관한 한 남쪽 섬들과 북쪽 섬을 격리하는 것이 틀림없다. 더욱이 북쪽의 섬들 사이에는 북서로 향하는 강한 해류가 있다. 이것이 제임스섬과 앨버말섬(현재의 이사벨라섬-역자 주)을 격리시키는 데 유용한 작용을 하는 것이다. 제도는 거의 강풍을 피하고 있기에 새도 곤충도 가벼운 종자도 섬에서 섬으로 바람을 타고 보내질 수 없다. 마지막으로, 섬들 사이의 바다가 매우 깊어서 또한 섬들이 명백히 새로워서(지질학적 의미에서), 화산에서 기원한 것이라는 점에서 그것들이 과거 하나로 붙어 있는 것은 결단코 없었으리라. 아마도 이것이 섬들의 생물의 지리적 분포에 관해 다른 어떤 것보다도 중요할 것이다. 여기에서 보이는 모든 사실을 통관하면 누구라도, 이 작은, 불모의, 바위로 이루어진 섬들에 작용한 창조력—만약 이 말을 써도 좋다면— 의 위대함에 놀랄 것이다. 나아가 이처럼 서로 지극히 가까운 장소에, 다른, 그러나 유사한 작용이 이루어졌다는 것에 대해서는 틀림없이 더욱 놀랄 것이다. 나는 갈라파고스제도가 아메리카의 하나의 위성이라고 불려도 좋다고 말했지만, 오히려 위성군이라고 불려야 할 것이다. 이들 위성군은 물리학적으로는 유사하고, 생물 면에서는 차이가 있으며, 동시에 서로 밀접한 관계를 맺고 있다. 그것에 비하면 미미하기는 하지만 대大아메리카 대륙에 대해 뚜렷한 관계를 갖고 있다."

위에 인용한 갈라파고스의 자연에 관한 기록에서 다윈은 지상에서의 신생명의 기원 혹은 각 섬들에서 일어난 창조력의 작용에 대해 독자에게 의문을 던진 채로 남아 있다. 그러나 팜파스의 동물 화석과 현생 아르마딜로가 유사한 이유에 대해서도, 갈라파고스제도에서 발견한 각 사실에 관한 의문에 대해서도 다윈의 가슴속에서는 이미 해답이 나와 있었다. 그것은 생물이 자연의 힘, 자연 원인으로 변화해간다는 것, 즉 생물의 진화다. 갈라파고스제도의 생물이 처음 아메리카 대륙에서 건너왔지만, 대륙과의 교통이 거의 없기에 대륙과는 독립적으로, 심지어 대륙과는 자연의 환경이 다르므로 다른 길을 걸어 틀림없이 변화를 지속한 것이리라. 또한 현재, 진화의 적절한 예로 여겨지는 갈라파고스제도의 핀치에 대해서는 다윈이 채집한 표본이 귀국 후에 여러 학자들에 의해 연구되었다.

이러한 사실은 『종의 기원』에도 생물 진화의 유력한 증명으로 나와 있다. 또한 다윈은 『종의 기원』에서 대양의 각각의 섬의 특성에 따라 생물의 종류가 달라진다는 것을 자세히 분석해서 말했다. 카보베르데제도 섬들은 갈라파고스제도와 기후가 매우 흡사한데도 생물은 아메리카

형이 아니라 아프리카형이다. 이 또한 지리학과 지질학으로 관찰된 사실로 설명된다. 서인도제도는 아메리카 대륙과 멀리 떨어져 있지 않은데 포유류가 종뿐 아니라 속까지 다르다. 이 제도와 아메리카 대륙과의 사이에 깊은 바다가 펼쳐져 있기 때문이다. 이것과 달리 영국과 유럽 대륙 사이의 해협은 얕다. 그리고 포유류가 양쪽에 공통적이다. 비교적 최근 시대까지 육지가 이어지고 교통이 있었기 때문이다. 오스트레일리아와 그 연안의 섬들 사이에도 같은 관계가 보인다. 비글호의 여행 중 관찰과 사건에서 흥미도 있고 가치도 있는 것이 이상의 외에도 여러 가지 있다. 가령 발디비아에서 만난 대지진은 그의 눈앞에서 지질학상 큰 변화를 보여주었다. 토지 융기의 모습 등을 그는 자세히 관찰할 수 있었다. 『지질학 원리』의 제2권(초판) 후반에는 지진에 관한 수많은 기록과 이론이 게재되어 있다. 다윈은 그것을 참고하면서 자신의 관찰을 했으리라. 킬링섬에서는 산호초의 생성 원인을 조사했다. 이 문제에 관해서 그는 라이엘의 이론이 틀렸다고 생각했다. 아무리 라이엘에게 경도되었다고 해도 비판의 태도는 잃지 않았던 것이다. 산호초에 관한 저작을 집필하는 것은 귀향 후 그가 처음으로 한 중요한 작업이었다. 다윈의 학설이 발표되었을 때 라이엘은 솔직히 자신의 설의 잘못된 부분을 인정했다.

남반구 각지에서 이뤄진 다윈의 자연 관찰을 나는 이상의 예만 소개하는 것으로 끝내고자 한다. 다만 여기에서 독자에게 일러두어야 할 것은 『비글호 항해기』가 다윈의 자연 관찰 기록만으로 만들어진 것이 아니라는 점이다. 이 책에는 이 책의 기록과 같은 양의, 내지는 더욱 풍부한 각지의 풍습에 대한 기록이 실려 있다. 독자에 따라서는 그런 기록에 더욱 많은 홍미를 느낄지도 모른다. 남아메리카의 노예제도, 인디언의 출몰, 원주민의 무지 등에 대한 기록이 그 안에 포함되어 있다. 다윈의 관심이 그 방면에도 넓게 미쳤다는 점을 알 수 있는 대목이다.

"스스로 판단할 수 있는 한에서는 항해 중, 나는 단순한 연구의 기쁨과 자연과학의 거대한 사실에 미진하나마 추가하는 것을 하고 싶다는 강한 바람에서 열심히 일했다. 그러나 나에게는 과학자들 사이에서 훌륭한 지위에 서고 싶다는 야심도 있었다. 내가 아는 수많은 연구자들과 비교해서 내가 더욱 야심적이었는지, 아니면 그렇지 않았는지 그 부분에 대해서는 뭐라 말할 수가 없다."

여행의 끝 무렵, 여자 형제들이 보낸 편지에는 세지윅이 다윈의 아버지를 찾아와 찰스가 일류 과학자의 반열에 들어가리라고 말했다는 사실이 쓰여 있었다. 나중에 안 사실이지만 헨슬로가 1835년 11월 16일에 연 케임브리지 철학회 모임에서 해양 동물을 관찰한 기록을 자세하게 쓴 다윈의 편지를 읽었고 그것을 인쇄해 나눠줬던 것이다. 다윈이 영국에 보낸 거대한 동물과 다른 화석도 학자들의 눈길을 끌어 그들 사이에서 찰스 다윈이 알려지기 시작했다.

4. 인간관

"나는 이전에는 윤리적 관계라고 불러야 할 것이 풍경의 즐거움과 얼마나 밀접하게 관계 맺고 있는지 깨닫지 못했어. 나는 그 나라의 역사, 산물이 이용되는 법, 그리고 더 나아가 그것들과 함께 살아가는 인간의 행복을 가리켜 말하는 것이라네. 영국의 노동자를 다른 사람을 위해 일하는 불쌍한 노예들로 바꾸어 생각해보게. 자네는 틀림없이

다른 광경을 보게 될 테야."(1832년 6월, 리우데자네이루 보토포

고만에서, 허버트에게 보낸 편지)

　다윈은 남아메리카 대륙이나 섬에서 식민지 노예의 비
참한 생활을 끊임없이 접해야만 했다.
　『비글호 항해기』에 따르면 1832년 4월, 리우데자네이루
에서 그는 한 노예 소유자가 노예의 가족을 따로따로 팔
려는 광경을 목격했다. 그 노예들은 결국 팔리지 않았지
만, 그것은 소유자의 자비가 아니라 타산에서 기인한 것이
었다. 심지어 그 소유자가 다른 사람보다 특히 잔인한 사
람인 것도 아니었다. 또한 다윈은 '그 어떤 잔혹한 이야기
보다 강하게 그의 가슴을 친' 한 사건과 만난다. 그는 아둔
한 흑인 한 명을 데리고 나룻배에 탔다. 다윈은 자기 말을
이 흑인이 알아듣지 못했기에 자기도 모르게 목소리가 높
아졌고 손짓으로 설명하고 흑인의 얼굴을 향해 손을 뻗었
다. 그러자 이 흑인 남자는 공포스러운 표정으로 두 눈을
반쯤 감고 양손을 늘어뜨렸다. 다윈이 화가 나서 자기를
때리려 한다고 생각한 것이다.

"이처럼 크고 힘센 남자가 자신의 얼굴을 향해 날아오는 손조차 피하지 못하고 두려워하는 모습을 보면서 내가 느낀 놀라움, 혐오감, 그리고 부끄러움을 나는 언제까지고 잊지 못하리라. 그 사람은 이 세상에서 가장 딱한 짐승인 노예보다도 더 낮은 퇴화 상태로 길들여진 것이다."(44쪽)

다윈은 조국에 보내는 편지에 노예제도에 대한 증오를 자주 드러냈다. 1832년 5월에 헨슬로에게 보낸 편지를 앞에서 인용했는데, 이는 방금 소개한 사건에서 꽤 심각한 영향을 받은 후 쓰인 것이리라. 『비글호 항해기』에서 그가 노예들이 처한 상황을 자세하고 생생히 기술한 것은, 그가 그것을 통해 문명인 사회에 호소하려고 한 것이라고 생각할 수는 없을까?

다윈은 그가 진보당이라고 믿었던 휘그당이 식민지 노예들의 처우 개선 혹은 노예 해방을 향해 한 걸음 나아가리라 기대했다. 그가 쓴 모든 편지에도 노예 해방의 희망에 관해서만큼은 휘그당의 승리를 찬양하고 있다.

노예제도와 관련하여 다윈은 피츠로이와 언쟁을 벌인 적도 있다. 아직 항해가 시작된 지 얼마 되지 않았을 무렵

인데 배가 브라질 바이아에 입항했을 때였다. 피츠로이는 노예제도를 찬양하면서 노예 대소유자를 방문한 이야기를 들려주었다. 이 소유자는 자신의 노예를 불러 모으고는 그들에게 행복하냐고 물은 후 자유의 몸이 되고 싶은지 물었다. 그러나 노예들은 하나같이 자유로워지고 싶지 않다고 입을 모아 대답했다는 것이다. 다윈은 피츠로이에게, 아마도 비웃으면서, 노예가 주인 앞에서 대답하는 말을 믿을 수 있다고 생각하느냐고 물었다. 피츠로이는 버럭 화를 내며 다윈이 자신의 말을 의심한다면 더는 함께 항해할 수 없다고 선언했다. 그는 선임 부관인 위컴을 불러서 다윈을 심하게 욕했다. 그러나 몇 시간 후 피츠로이는 사관 한 명을 다윈에게 보내서 화해를 청했다.

휘그당 내각이 성립한 것은 다윈이 케임브리지에 다닐 때였다. 그러나 이 내각은 상원의 방해로 다윈이 플리머스를 떠날 무렵에는 정치 상황이 불안정했다. 상원이 개혁되어 휘그당이 제출한 신新선거법안이 양원을 통과한 것은 1832년 6월이었다. 이는 휘그당의 승리가 확실해졌다는 것을 의미했다. 전화도 전신도 없던 시절이었으니 이 소식이 다윈에게 전해지기까지는 오랜 시간이 걸렸다.

어쨌든 휘그당 승리 소식에 다윈은 무척 기뻤다.

"나는 노예제도에 대한 세상 사람들의 반감이 선거에서 드러난 대로 확실히 굳어져가는 것을 주시해왔어. 만약 영국이 유럽에서 노예제도를 완전히 폐지하는 최초의 국가가 된다면 그것은 얼마나 자랑스러운 일일까? 나는 영국을 떠나기 전에 노예의 나라에 살아보면 나의 의견이 바뀔 것이라는 말을 들었어. 하지만 내가 스스로 깨달은 변화라면, 흑인의 성격을 이전보다 훨씬 높이 평가하게 되었다는 것뿐이야. 흑인을 보면 그들에게 친밀한 감정을 느끼지 않을 수 없어. 표정은 늘 즐거운 듯 밝고, 성격은 솔직하며, 몸은 다부지고 훌륭해."(1833년 5월 22일, 말도나도에서 여동생 캐서린에게 보낸 편지)

"영국의 정치적 흐름을 들은 사람은 누구든 기뻐하지 않을 수 없을 거야. 정의의 휘그당 만세. 나는 휘그당이 영국의 자랑인 자유 위에 새겨진 커다란 오점인 식민지 노예제도를 곧장 없애리라고 믿어. 나는 노예들의 상황이나 흑인의 소질을 충분히 보고는 영국에서 들은 말이 죄다 거짓말에 날조라는 사실에 몹시도 화가 났어. 고마운 일이야. 매킨토시가 늘 말하듯, 열정을 억누르기 위해서 열정밖에 가지지 못하는 냉혹한 토리당은 그들이 가야 할 방향으로 향하고 있어."(같은 해 6월 2일, 허버트에게 보낸 편지)

노예제도를 증오하는 감정은 항해 중에 더욱 커졌을지언정, 영국에서 보고 들은 것에 익숙해진 나머지 심드렁해지는 일은 없었다. 브라질을 마지막으로 떠나는 날의 기록이 『비글호 항해기』에 다음과 같이 쓰여 있다.

"1836년 8월 19일에 마침내 우리는 브라질 해안을 떠났다. 노예의 나라에 두 번 다시 방문할 일이 없다는 것은 행복한 일이다. 요즘도 멀리서 비명이 들리면 페르남부쿠 근처의 한 집을 지날 때 느꼈던 감정이 생생하게 떠올라 마음이 아프다. 그곳에서 나는 너무도 처절한 신음을 들었다. 불쌍한 노예가 학대를 당하는 것이 분명했지만, 항의조차 할 수 없는 마치 어린아이와도 같은 나 자신의 무력함만을 확인해야 했다. 그 신음의 정체가 괴롭힘을 당하는 노예의 것이라고 생각한 이유는 이전에 그와 똑같은 소리를 들었기 때문이다. 리우데자네이루 근처에서 나는 나이 많은 귀부인 집 맞은편에 머물렀는데 그 부인은 여자 노예의 손가락을 으스러뜨리려고 나사못을 가지고 다녔다. 내가 머무르던 집에서는 백인과 흑인 사이에서 태어난 남자 노예가 있었는데 늘 욕을 먹고 맞았다. 가장 열등한 동물이라도 미쳐버릴 정도로 들볶였다. 그리고 예닐곱 살쯤으로 보이는 소년이 약간 깨끗하지 않은 물 한 컵을 내게 가져다주었다는 이유로 모자도 쓰지 않은 머리를 말채찍으로 세 차례나(내가 겨우 말릴 때까지) 맞았다. 그 아이의 아버지는 주인이 힐끗 쳐다보기만 해도 덜덜 떨었다. 이처럼 수많은 잔혹한 일이 포르투갈이나 영국, 또 다른 유럽 국가들보다 노예를 비교적 잘 대우한다고 알려진 스페인의 식민지에서도 목격되었다. … 흑인들은 타고나길 낙천적이라 노예제도는 허용되는 악이라고 이야기하는 사람들을 만나지 않았다면 나는 내 두 눈으로 똑똑히 목격한 수도 없는 가슴 아픈 잔혹 행위를 언급하지도 않았을 테고 자세하게 쓰지도 않았을 것이다. 그런 사람들은 대개 상류층 가정을 방문하는데 그런 집안은 대개 노예에게 관대한 편이다. 그들은 나처럼 하류층 가정의 노예를

본 적이 없는 것이다…."

"[노예 소유자가] 사리사욕을 위해 극도로 잔혹한 행위를 하지 않으리라는 데는 논쟁의 여지가 있다. 마치 사적인 이익을 위해 가축을 보호하듯 말이다. 하지만 가축은 비천한 노예에 비해 잔인한 주인의 분노를 자극하지는 않는 듯하다. 일찍이 저명한 훔볼트가 숭고한 감성으로 이에 대해 항의하고 명백히 예로 든 사안이기도 하다. 노예제도를 옹호하려는 이들은 노예들의 처우를 영국의 가난한 농부와 비교하곤 한다. 만약 영국 빈민의 참상이 자연의 법칙에 의해 생겨난 것이 아니라 영국의 제도 때문이라면 우리의 죄는 엄청나게 크리라. 하지만 그것이 노예제도와 어떤 관계가 있는지 나로서는 알 수 없다. 또한 다른 나라 사람들이 무서운 병에 시달리고 있으니 이 나라에서는 손가락을 짓이기는 나사못을 용인해도 좋다고 말하는 것과 마찬가지다. 노예 주인에게는 다정한 눈길을 보내면서도 노예에게는 냉혹한 사람은 노예의 입장이 되어서 생각해본 적이 결코 없으리라. 나아질 기미가 전혀 없는 미래를 바라보며 사는 삶이 얼마나 암담할까! 당신

의 아내와 아이들—자연은 노예에게도 그들의 '가족'을 주
셨다—을 짐승을 경매하듯 가장 높은 가격을 부르는 사람
에게 팔아넘기는 순간이 불현듯 들이닥친다고 상상해보
라! 심지어 이웃을 사랑하라고 부르짖으며 신을 믿고 신
의 뜻에 걸맞은 행위를 하게 해달라고 기도하는 사람들이
이런 행위를 저지르며 옹호하기까지 한다. 영국인과 우
리의 자손인 미국인이 입으로는 자랑스럽게 자유를 외치
면서, 지금까지도 이러한 죄를 저지른다고 생각하면 피가
끓고 가슴이 떨린다. 그러나 우리 영국인이 죗값을 치르
기 위해 적어도 다른 어떤 국민보다도 큰 희생을 치렀다
는 것을 생각하면 위로를 받는다."(469~471쪽)

이러한 기록 속에 나타나는 다윈의 정치적 견해의 모순
과 그의 사상의 한계를 지적할 수는 있다. 그러나 그 당시
의 영국 부르주아이자 지식인으로서 그가 다른 수많은 사
람보다 완고하고 사리에 어두웠으리라고 추측할 수 있는
점은 어디에도 없다. 그러기는커녕 학대당한 인간에 대한
이토록 따뜻한 애정은 그 시대 사람들 속에서 쉽게 찾아낼
수 있는 것이 아니다. 노예 해방에 대한 열정은 그의 다정

한 기질, 강한 정의감, 그의 사유의 합리성과 하나를 이룬다. 또한 그는 흑인의 소질을 애써 높이 평가하려고 애쓰고 있다. 이는 특히 주목할 가치가 있는 사안이다.

다윈은 남아메리카 원주민 중에서 푸에고인에 대해 특수한 관찰을 할 기회가 있었다. 플리머스를 출항한 비글호에 세 명의 푸에고인이 타고 있었기 때문이다. 비글호의 이전 항해 때, 1830년 여름에 티에라델푸에고 서해안에서 원주민이 배를 훔친 적이 있었다. 피츠로이는 그중 세 명을 인질로 잡았다. 그 후 또 한 명의 푸에고인을 여러 개의 보석, 단추와 교환했다. 이렇게 네 명의 푸에고인이 영국으로 끌려왔다. 한 명은 병으로 죽었고, 다른 세 명은 10개월간 런던에 있는 학교장 집에 맡겨져 종교 교육을 받고 농업을 배웠다. 그들의 이름은 각각 요크 민스터, 제이미 버튼, 후에기아 바스켓이었다. 후에기아는 여자였다. 훗날 고향으로 돌아간 후 요크의 아내가 되었다. 그들은 왕 초대를 받았으며, 왕비는 후에기아의 손에 반지를 끼워주었다.

다시금 비글호의 항해가 결정되자 이 푸에고인들은 한 사람의 선교사와 함께 모국으로 돌아갔다. 그들 종족에게

포교하기 위해서였다. 그들은 아주 조금이지만 영어를 익힌 상태였다.

1833년 1월, 티에라델푸고 부근을 왕래하던 비글호는 우선 요크 민스터를 고향 가까운 곳에 내려주려 했으나 풍랑이 거세어 닻을 내리지 못했다. 요크는 100마일 떨어진 제이미의 고향에 같이 가겠다고 했다. 그렇게 세 명의 푸에고인은 비글해협 근처에 있는 제이미의 고향으로 갔다.

이 해협 부근은 티에라델푸고, 즉 아메리카 최남단이었다. 1월이 이곳에서는 한여름이지만 눈에 뒤덮인 산봉우리들이 북쪽으로 이어졌고, 빙하가 해협을 향해 미끌어져 내려왔다. 그것이 부서지면서 빙산이 되어 바다에 떠올랐다.

18일 동안 다윈은 푸에고의 원주민과 친하게 지낼 수 있었다. 다윈 일행이 보기에 그들은 완전히 야만적인 종족이었다. 남녀 모두 거의 나체인 건 그렇다 쳐도, 아무런 도덕도 없이 서로 약탈을 일삼고, 기아에 허덕이는 계절이 되면 개보다 노파를 먼저 죽였다. 아버지는 사소한 일로 자기 자식을 돌로 치곤 했다. 싸우면 식인을 하는 부족도 있었다. 요크와 그 아내인 후에기아, 선교사인 매튜스도 곧바로 소지품을 강탈당했다. 제이미의 친척들은 그의 소지품을 빼앗던 때의 모습을 다윈 앞에서 의기양양하게 재연했다. 선교사의 생명이 위험했기에 피츠로이는 그를 배에 태워 돌아가기로 했다.

이렇게 야만적인 종족 출신인 요크나 제이미도 다윈의 눈에는 적어도 배에 타고 있는 동안은 좋은 성질을 가지고 있는 듯 보였다. 다윈은 제이미와 특히 사이가 좋았다. 요크는 꽤 영리했다. 그들은 선원 그 누구보다 더 나을 수도 있다고 다윈은 생각했다. 문명인과 야만인의 차이는 가축과 야생동물의 그것보다 훨씬 큰 것 같았다. 그러나 야만인도 어떻게 교육받느냐에 따라 문명인에 가까워질 수 있는 것이다.

제이미의 모친과 형제들이 왔을 때 그들은 서로 본체만체하며 시큰둥한 반응을 보였다. 지극히 짧은 시간 동안 서로 바라보나 싶더니 모친은 곧장 자신의 카누를 보러 가버렸다. 나중에 다윈은 그녀가 이전에 제이미를 빼앗겼을 때 상심하여 온갖 데를 찾아 헤맸다는 사실을 들었다. 그것은 이 야만인들에게도 역시 인정이 있다는 사실을 나타내는 것만 같아 다윈은 위안을 받았다(주1).

라이엘은 인간을 다른 동물과 전혀 다른 특별한 창조물로 간주했다. 티에라델푸에고에 배가 정박하기까지 다윈은 틀림없이 『지질학 원리』 제2권도 다 읽었을 터였다. 그러나 인간에 관한 라이엘의 견해는 이 푸에고인들을 보고 있자면 신뢰하기 어렵다. 인간은 라이엘이 생각하는 것처럼 영국적인 신사, 숙녀의 모임이 아니다. 야수와 다를 것 없는 생활을 하는 푸에고인 역시 인간이다. 게다가 푸에고인도 환경에 의해 문명인이 되거나, 적어도 그것에 가까워질 수 있다. 시저가 영국을 침략했을 때 그가 처음 본 영국인들은 몸에 물감을 바르고 모피를 쓰고 있지 않았던가.

인간의 기원이라는 문제는 이 무렵부터 다윈의 마음 한 구석을 차지하게 되었던 게 틀림없다. 그러나 그는 이 문제에 대해 매우 신중한 자세를 보였다. 심지어 『종의 기원』에서도 인간에 대해서는 거의 언급하지 않았다. 그것을 두고 다윈은 겁쟁이다, 혹은 철저하지 못하다고 비난당

주1) 약 일 년 반 후에 비글호가 다시 같은 지점에 닻을 내렸을 때 이미 야만인의 생활로 돌아간 제이미가 카누를 저어 다가왔다. 그는 함장과 선원에게 줄 선물을 가져왔으나, 다시 영국으로 돌아가고 싶지는 않다고 말했다. 나중에 그의 아내가 카누를 타고 와서 함께 돌아갔다.

하기도 한다. 물론 그런 부분도 없지 않을 것이다. 그러나 라이엘 같은 사람조차 인간의 문제에서는 편견에서 전혀 헤어나오지 못했다는 사실이 다윈에게 극도의 경계심을 불러일으켰고, 학설을 발표할 때도 신중한 태도를 취하게 만들었다는 점도 고려해야 한다. 라이엘은 라마르크를 읽었을 때 인간의 기원이 오랑우탄이라는 결론에 도달할 수밖에 없다는 점에서 라마르크의 모든 설에 반발심을 느꼈다고 훗날 고백했다.

다윈은 비글호로 항해하는 동안 완전한 정통 신앙을 가졌다고 자서전에 썼다. 그는 성서를 절대 권위로서 논의에 인용하여 사관들에게 웃음을 산 일도 있었다. 이 시절에는 페리의 신학 등으로 종교와 과학의 관계에 얽힌 문제가 해결되었다고 생각했던 것이리라. 그러나 그의 진화 사상이 무르익으면 이는 깨질 수밖에 없는 평화였다. 그러나 다윈이 종교에 관해 다시금 생각하기 시작한 것은 항해를 마치고 귀국한 후였다.

한편 앞에서 썼듯, 1836년 10월 2일에 비글호는 영국의 파머스항에 도착했다. 다윈은 10월 5일 아침, 슈루즈베리에 있는 집으로 돌아갔다.

"어제 아침 식사 시간에 집으로 돌아왔습니다. 다행히 그리웠던 누나들과 여동생, 아버지 모두 무탈했습니다. 아버지는 내가 항해를 떠났을 무렵보다 오히려 건강해서 거의 나이를 먹지 않은 듯했습니다. 누나들과 여동생은 내가 조금도 안 변했다고 하는데 저 듣기 좋으라고 하는 이 말을 오히려 그녀들에게 말해주어도 될 것 같습니다…."

"당신이 어떻게 지내시는지 꼭 알려주시라고 부탁하고 싶습니다. … 저는 급진주의자인 여자 형제들을 우리나라의 정치의 소극적인(만약 그들이 성실한 휘그당원이 아니라면 부정한 것이지만) 행위를 두고 크게 떠들었습니다. 참고로 말씀드리자면 우리 집의 명예와 영광을 위해 아버지가 조지 4세의 큰 초상을 서재에 걸어두었다는 점을 말씀드려야겠습니다. 하지만 저는 변절자는 아닙니다. 우리가 다시 만날 때는 저의 정치론은 지금까지보다 더욱 견고해지고 더욱 현명한 기초 위에 서 있겠지요. … 안녕히 계십시오. 건강하시고요. 당신의 가장 성실한, 시시한 철학자와 마찬가지로 행복하시고 그러나 더욱 현명하시기를 희망합

니다."(1836년 10월 6일자, 피츠로이에게 보낸 편지)

여기에서 철학자란 다윈 자신을 가리킨다. 그는 항해 중 그 별명으로 불렸다. 이 편지를 쓰기 전날, 즉 그가 집으로 돌아온 날 메이어에 사는 외삼촌 조사이어 웨지우드에게도 귀국을 알렸다[주2].

비글호 항해의 의의에 관하여 자서전에는 다음과 같이 쓰여 있다. "비글호 항해는 내 일생에서 가장 중요한 사건이다. 그것은 내 전 생애의 길을 결정했다."

주2) 이 장의 1의 주3을 참조

조용한 다운 |

1. 결혼

귀국 후 2년 정도가 다윈의 일생에서 가장 바쁜 시기였다. 그리고 이 시기에 이미 그의 후반생에 걸쳐 그를 괴롭혔던 건강 이상 징후가 나타나기 시작했다.

특별한 관심이 있어서인지 아닌지는 알 수 없지만, 엠마가 귀국한 다윈이 방문하기를 기다렸다는 것은 그 무렵 그녀가 친척에게 보낸 편지 등을 통해 알 수 있다. 그러나 다윈은 메이어에 곧바로 갈 수 없었다. 그는 우선 케임브리지로 헨슬로를 찾아가 케임브리지와 런던 사이를 왔다 갔다 하면서 헨슬로가 보관하고 있던 표본 정리를 시작했다. 항해일지 정리도 해야 했다. 10월 말에는 그리니치에 가서 비글호에 적재되어 있던 표본을 케임브리지에 보냈다. 이 사이에 런던에서 저명한 학자들을 수없이 만났다. 라이엘과 처음 만난 것도 그 무렵이었다. 다윈은 항해 중에 라이엘과 친교를 나눌 날을 손꼽아 기다렸는데, 이는 라이엘 또한 마찬가지였다. "당신 혼자 케임브리지에서 다윈을 독점하지는 말아주십시오"라고 라이엘은 세지윅에게 보낸 편지에서 말했다. 그 편지가 쓰인 것은 다윈이 뉴질랜드 부근을 항해하던 무렵이었다. 다윈과 라이엘은 서로 그 기대를 저버리지 않았다.

"대과학자들 중에서 라이엘만큼 우정이 깊고 친절한 사람은 없어. 나도 이미 몇 번 만났는데 만날수록 점점 더 좋아져. 그가 얼마나 흔쾌히 내 다양한 계획을 의논할 때 들어주는지, 아마 너는 상상도 못 할 거야. 다만 나는 지금 런던 사람들만을 말하는 거야. 헨슬로 교수님은 예전과 다름없이 나의 가장 따뜻하고 친절한 친구야."(1836년 11월 6일, 폭스에게 보낸 편지)

헨슬로와 라이엘은 다윈이 채집한 표본 정리와 분류를 각자 전문가에게 부탁하는 데 애써주었다. '바빠서 시간이 없습니다'라는 상투적인 말로 거절하는 이도 많았지만, 에든버러에서 다윈을 지도한 런던대학의 그랜트 교수는 산호의 분류 작업을 흔쾌히 승낙했다.

다윈은 11월 20일이 지나서야 겨우 메이어에 방문할 여유가 생겼다. 엠마는 이렇게 썼다. "우리는 전에 없을 정도로 기뻤습니다. 찰스는 먼 친척까지 모두 모인 가운데 환대를 받았습니다. … 찰스는 즐겁게 이야기를 이어갔습니다. 그는 가차 없는 질문 세례를 받았습니다. … 캐롤라인은 행복한 얼굴로 찰스를 바라보았고 자랑스럽게 여기는 듯했습니다. 캐롤라인을 보고 있는 저마저 행복해지는 것 같았습니다.”

12월 초순에 케임브리지의 피츠윌리엄Fitswilliam에 집을 얻었지만, 이듬해 3월 초순에 일 때문에 런던으로 옮겨 그레이트말보로Great Marlborough가에 살았다. 영국 박물관에서 반 마일도 떨어지지 않은 곳이었다. 그 무렵 다윈이 약혼했다는 소문이 엠마의 귀에 들어갔다. 그러나 그것은 헛소문이었다.

다윈의 집에 형 이래즈머스가 와서 잠시 함께 지냈다. 이래즈머스는 병으로 평생 독신으로 살았지만 칼라일 Thomas Carlyle과 꽤 친하게 지냈다. 다윈이 다운Downe에 정착하자 이래즈머스는 종종 다운을 방문해 다윈의 아이들과 놀아주며 묵고 갔다. 다윈은 형에 대해 애수에 가까운 애정을 품고 있었다. 그러나 다윈은 다운을 그다지 벗어나지 않았고, 이래즈머스는 병이 깊어져서 다운에 갈 수가 없었기에 만년에는 거의 만나지 못했다.

런던으로 이주한 후 반년 동안 다윈은 건강이 허락하는

한 많은 시간을 『비글호 항해기』 집필에 할애했다. 6월에 그의 누나 캐롤라인이 엠마의 오빠인 조사이어와 약혼했다.

『비글호 항해기』 외에도 라이엘의 추천으로 지질학 논문을 두세 편 쓰고 『비글호 항해의 동물학』 담당 부분을 정리하기 시작했다. 이 책은 다윈의 채집품을 분담하여 조사한 학자 여섯 명의 공저로, 여러 권으로 나뉘어 출간될 예정이었다. 헨슬로와 라이엘의 노력으로 이 책의 출간에 국고에서 1,000파운드가 지원되었다. 이 시절에 다윈이 종사한 과학은 첫째가 지질학, 둘째가 동물학이었다.

그러나 이 몇 개월 사이에 일어난 일 중에 가장 중요한 것은 그가 '종의 기원' 문제에 대한 첫 노트를 펼친 일이다. 다윈 자신 외에 누구도 알지 못했지만 말이다. 항해 중 경험한 어떤 일 때문에 그가 이 문제에 관심을 보이기 시작했는지는 이미 앞서 말한 바 있다. 팜파스의 거대 동물의 화석과 갈라파고스제도의 생물상, 특히 후자가 가장 큰 인상을 남겼다. 다윈은 생물의 종의 기원이 진화설에 따르지 않으면 설명할 수 없는 것이 명백하다고 믿었다. 그러나 자신의 사상을 경솔하게 발표하는 문제에서는, 뿌리 깊은 편견과 싸우며 일반인들과 과학자를 이해시키는 것이 불가능하다고 생각했다. 그는 자신이 이미 가지고 있는 지식 외에, 가능한 한 많은 사실을 수집해서 그것들을 정리하고 체계를 세우는 것을 목표로 삼은 것이다. 그로부터 실제로 20년이라는 긴 시간 동안 다윈의 이 작업은 쉼없이 계속되었다. 그가 병에 걸려서 다른 일을 전혀 못 했을 때도 이 노트를 쓰는 것만큼은 게을리하지 않았다.

"내가 영국으로 돌아온 후 라이엘의 지질학의 예를 참고하여 사육재배 혹은 자연 상태의 기원에 있어서 동식물의 변이에 얼마간이라도 관계되는 사실을 모두 모은 것이라면, 문제 전체에 대해 어쨌든 광명을 던진 것은 틀림없으리라. 내 첫 노트는 1837년 7월에 시작되었다. 나는 철저히 베이컨의 귀납 원칙에 근거해서 연구했고, 어떤 학설도 가지지 않은 채 큰 규모로, 그러면서도 사육재배 생물에게 특별한 주의를 기울이고, 인쇄된 질문장에 따라, 때로는 숙련된 육종가나 원예가와 대화를 나누거나, 혹은 광범위한 독서를 통해 사실을 수집했다. 무척 많은 수의 잡지와 정기 간행물을 포함하여 내가 읽고 발췌한 온갖

종류의 책을 표로 만든 것을 보면 나 또한 자신이 한 일에 놀라곤 한다."(자서전)

그러나 다윈은 당장은 종의 기원 문제에 본격적으로 파고들 수 없었다. 항해를 통해 얻은 지식이나 표본을 발표하고 정리하는 것이 그의 표면적인 업무였다. 눈코 뜰 새 없이 바쁜 일상, 심지어 먼지로 가득한 런던에서의 생활에 다윈은 지쳐갔다. 종종 슈루즈베리로 가서 쉬려고 마음먹었으나 좀처럼 여유가 생기지 않았다. 그는 기분 전환으로 워즈워스나 콜리지의 시를 읽었다. 항해 때는 밀턴의 『실락원』을 가지고 가서 모든 육지 여행에 지참했는데, 귀국 후 얼마간은 문학에 대한 흥미를 버리지 않았다. 왜 굳이 이런 말을 하느냐 하면 후반생에서 다윈은 문학 내지 모든 예술에 대해서 지극히 통속적인 흥미밖에 가지지 않은 듯 보이기 때문이다. 정치에 대해서도 이와 거의 마찬가지였다. 1837년 10월에 그를 지질학회 서기로 추천하고 싶다는 요청이 왔다. 그는 처음에 그 요청을 받아들이기를 주저했다. 첫째, 자신은 영국 지질학을 전혀 모른다. 둘째, 외국어를 전혀 못 한다. 프랑스어 발음조차 믿을 만한 것이 못 되므로 정례회에서 발췌독하기가 어렵다. 셋째, 항해 중에 한 일을 정리하거나 책을 읽는 것만으로도 바쁘기에 서기로서 다른 사람이 쓴 다수의 논문을 읽는 것은 시간 낭비다. 넷째, 건강이 그리 좋지 않다. 그는 이러한 이유를 기록하여 거절의 뜻을 헨슬로에게 편지로 고백했다. "만약 휴얼 씨를 만난다면 이 편지의 내용을 전해주십시오. 만약 그가 받아들이지 않는다면 직접 편지를 보여줘도 좋습니다."

그러나 헨슬로와 라이엘은 다윈에게 서기 일을 승낙하라고 권했다. 그의 지식의 폭을 넓히고, 기초를 다지기 위해서 헛되지 않으리라는 이유에서였다. 그들의 권유에 따라 다윈은 결국 서기 일을 받아들이기로 했다. 그는 1838년 2월부터 만 3년간 서기를 맡았다.

다윈은 영국 지질학 조사와 휴양을 겸해 이따금 여행을 떠났다. 1838년 6월에는 그렌로이에 갔다. 이 여행은 상당한 야심을 가지고 떠난 것이었다. 글래스고에서 북쪽으로 75마일 더 가면 칼레도니아 운하의 지대에 도달한다. 이 운하는 수많은 호수가 연결되어 만들어진 것으로, 스코틀랜드를 동북에서 남서로 이분한다. 운하 가까운 곳의 대서양 연안을 따라 난 곳에 영국에서 가장 높은 산인 벤네비스산이 있으며, 이 산에서 운하를 향해 내려간 곳에 글렌로이협곡이 있다. 협곡을 따라 세 개의 수평한 평행선이 뻗어나와 산맥에 대지臺地(주위보다 고도가 높고 넓은 면적의 평탄한 표면을 가지고 있는 지형.-역자 주)를 형성한다.

그 주변 주민은 이것을 '길(로드)'이라고 부른다. 이 '길'이 과거의 수면을 드러낸 것은 명백하지만 그곳에 어떤 물이 채워져 있었는지가 문제였다. 호수인가, 바다인가. 다윈은 남아메리카 안데스산맥에 이것과 같은 것이 있으며 그것이 과거 지질시대의 해면을 나타내는 것, 즉 토지의 융기에 따라 생성된 것이라는 사실을 관찰한 경험에서 글렌로이의 '길'도 동일한 현상이라고 단정하고, 그것에 대한 논문을 발표했다. 그러나 다윈의 결론은 틀렸다. 그것은 해면을 나타내는 것이 아니라 빙하호의 수면을 나타내는 것이다. 다윈의 설은 라이엘도 동의했고 일반 학자들이 20년간 믿었으나, 루이 아가시Louis Agassiz(1807~1873)의 빙하 연구에 의해 오류라는 사실이 드러났다. "과학자는 배타적 원리를 믿어서는 안 된다. 다시 말해 현상의 겉모습이 같다는 것에 집착하여 달리 설명의 여지가 없다는 독단에 빠져서는 안 된다"고, 다윈은 자서전에서 이러한 자신의 실패를 예로 들어 깨달은 바를 고백했다.

다윈이 이 여행을 떠날 무렵 이미 병의 징후가 드러났다. 두근거리고 어지러웠으며 욕지기가 종종 일었다. 이들 증상은 그 후의 전 생애 동안 사라지지 않았다. 항해 중의 뱃멀미 내지는 칠레에서 앓은 병이 원인이었다는 설, 유전적인 것이었다는 설이 제기되었고 사후에는 샤가스병이라는 설(90쪽, 주1)이 유력해졌지만 단정할 수는 없다. 의사는 그에게 일을 그만두고 요양하도록 누차 권고했으며, 억지로 메이어나 해안으로 보내어 쉬게 하기도 했다.

글렌로이 여행을 떠나면서 다윈은 한동안 기분이 좋았다. 엠마와 자신의 여동생 캐서린이 파리 여행에서 돌아오는 도중에 런던에 있는 그의 집에 들르자 그는 더욱 힘이 났다. 더욱이 8월에 출간된 라이엘의 『지질학 요론Elements of Geology』(주1)에 자신의 이름이 많이 나오는 것이 그의 큰 기쁨이었다.

다윈은 10월에 맬서스의 『인구론』을 읽었다. 이것에 관해서는 뒤에서 다시 말하기로 하자.

주1) 전 장 2의 주1을 참조하기 바란다.

11월 11일, 이날은 다윈에게 잊을 수 없는 날이다. 메이어에서 엠마에게 청혼한 날이기 때문이다.

"그는 지난주 목요일에 페니 숙모와 함께 또 와서 일요일에 저에게 말했어요. 나는 지금까지와 같은 친구 관계가 언제까지고 이어질 것이며, 그것이 변할 일은 없다고 생각되었기에 정말로 놀랐습니다. 나는 온종일 우물쭈물하느라 행복한 마음을 느낄 수 없을 정도였습니다."(한 숙모에게 보낸 엠마의 편지)

다윈의 항해 중에 엠마는 여러 청년에게 청혼을 받았다. 그중에는 매우 열렬히 청혼한 남자도 있었다. 어떤 이유인지 우리는 알 수 없지만, 엠마는 그들의 청혼을 계속 거절했고 나이는 이미 서른이었다. 실은 같은 해 8월에 다윈은 엠마에게 결혼 이야기를 꺼내려고 했으나 미처 전하지 못했다. 그가 결심할 수 있었던 것은 『인구론』을 읽고 자기 학설의 기초가 완성되었다는 안도감 때문이었는지도 모른다. 하지만 이것은 나의 단순한 상상일 뿐이다.

다윈은 자신과 엠마, 양쪽 부친의 승낙도 받았다. 엠마의 부친 조사이어는 눈에 눈물을 글썽이며 기뻐했다. 그는 지참금으로 5,000파운드를 건넸고, 그 외에도 해마다 400파운드를 보내기로 약속했다.

그해는 메이어 방문, 엠마에게 편지 보내기, 그리고 런던에서 살 집 찾기로 다 지나갔다. 엠마도 집 찾는 걸 도우러 왔다. 가워Gower가에 겨우 적당한 집이 나타났다. 다윈은 이 집에 '옴의 집'이라는 이름을 붙였다. 연말이 거의 다가와서야 그는 이 집으로 이사했다.

결혼식은 이듬해인 1839년 1월 29일에 메이어의 교회에서 올렸다. 그 닷새 전에 다윈은 왕립학회Royal Society의 회원으로 추천받았다. 그래서인지 결혼식 날 그의 모습은 더욱 빛났으리라. 신혼부부는 곧장 런던으로 떠났다.

런던의 다윈 집에는 찾아오는 손님이 매우 많았다. 주로 라이엘 부부, 헨슬로 부부, 로버트 브라운Robert Brown(1733~1858) 등 저명한 학자들이었다(주2). 이는 이미 병약했던 다윈을 지치게 했을 뿐 아니라 저술이나 연구 시간도 빼앗았다.

초여름에『비글호 항해기』가 나왔다. 피츠로이의『항해

주2) 다윈이 이 시절에 교제한 사람들에 관한 인상이나 일화가 자서전에 쓰여 있다.

담』(원제는 『어드벤처호와 비글호의 1826~1836년 사이의 남아메리카 조사와 비글호의 세계일주 조사 항해담』-역자 주) 세 권 가운데 제3권을 이루는 저작이다. 재판 이후의 것과 내용의 본질은 변화가 없다. 다만 갈라파고스제도에서 종의 기원 문제에 관해 강한 인상을 받은 것은 강조되어 있지 않다. 이는 피츠로이를 배려한 것이라고들 한다. 다윈은 이 책을 넓은 범위에 걸친 저명한 사람들에게 선물했다. 그는 수많은 사람에게 자신의 이름을 알리고, 일류 과학자들과 교제하는 데 꽤 열성을 쏟았다.

12월 27일, 첫째 아들 윌리엄 이래즈머스가 태어났다. 그날은 8년 전, 다윈이 비글호에 몸을 싣고 플리머스항을 떠난 날이다.

1839년 여름, 다윈은 처음으로 후커Joseph Dalton Hooker (1817~1911, 영국의 식물학자. C. 다윈의 『종의 기원』 출판을 원조했다. 식물분류학과 식물지리학에 업적을 남겼다. 주요 저서로 『Flora Antarctica』, 『Himalayan Journal』 등이 있다.-역자 주)를 만났다. 훗날 다윈이 가장 깊게 교류한 식물학자다. 다윈보다 여덟 살 아래였던 후커는 아버지 윌리엄 잭슨도 오랫동안 큐 왕립 식물원의 원장을 지낸 식물학자이자 자신은 훗날 헨슬로의 딸과 결혼한, 이른바 식물학자 집안의 인물이었다. 그는 이미 다윈의『비글호 항해기』교정쇄를 읽었다. 라이엘이 그의 아버지에게 건넨 것이다. 그것은 후커가 남극을 탐험하러 가는 에레버스호에 타기로 결정했기 때문이었다. 그가 다윈과 친구가 된 것은 어느 날 그가 옛 비글호의 승무원이었던 선원과 트라팔가 광장을 걷고 있을 때 우연히 다윈과 만났다고 한다. 에레버스호가 출항할 때 후커는 완성되어 갓 출간된『비글호 항해기』를 들고 있었다. 그 이듬해 다윈은 유명한 해부학자 리처드 오언Richard Owen(1804~1892)을 알게 되었다. 다윈의 진화론에 대해 완고한, 악랄하기조차 한 반대를 표하여, 헉슬리에게 된통 당한 인물이기는 하지만 일단 해부학자로서는 세계 학계 전체를 통해 제일인자였다. 그는 다윈이 가지고 돌아간 거대 동물 화석에 강한 흥미를 보였고, 그것을 조사했다.『비글호 항해기의 동물학』제2권에 오언의 연구 결과가 발표되어 있다.

후커나 오언 외에 매콜리T. B. Macaulay(1800~1859), 칼라일Thomas Carlyle(1795~1881), 버클H. Th. Buckle(1821~1862) 등 과학자 이외의 사람들과도 다윈은 만났다. 버클의『영국

문명사History of Civilization』를 그는 나중에 두 번이나 읽었다. 마티슨의 집에서 홈볼트를 만나고, 희망봉에서 처음 만난 허셸은 다윈의 집을 방문했다. 이들 저명한 학자들이 모두 말이 많다는 사실에 다윈은 감탄했다. 다만 한 사람 예외로, 말수가 적은 사람은 허셸이었다.

1841년 봄, 다윈이 32세가 된 해에 둘째 앤 엘리자베스가 태어났다. 이해의 주요 작업은 『산호초』의 집필이었다. 이는 결혼 이전부터 착수했던 일이었지만, 중간에 중단된 시기를 제외하더라도 20개월이 걸렸다. 다윈은 영국박물관과 해군성에 문헌을 조사하러 다녔고, 정밀한 지도를 만드는 데 고심했다. 원고는 1842년 1월 완성되었고, 그해 5월에 최종 교정을 마쳤다.

산호 환초의 생성 원인에 관한 기존 학설은 바닷속에 잠겨 있는 오래된 화산 위에 산호가 성장한다는 것이며, 라이엘도 이 설을 취했다. 그런데도 킬링섬에서 다윈이 한 관찰은 이 설에 모순이 있다는 것을 명백히 했다. 다윈이 조사한 곳에서는 산호는 150피트(약 50m) 이상의 깊은 곳에서는 서식할 수 없다. 누구도 수백 피트 깊은 곳에서 산호초가 형성되어 있다고 생각해서 굳이 의심하려 하지 않지만, 기존의 설에 따르면 150피트 이하에는 산호초는 없을 테다.

　다윈의 생각에 따르면 산호초의 생성 원인은 해저의 침하와 관계가 있다. 해저가 가라앉는 것과 함께 아랫부분의 산호는 죽어서 석회질 껍데기만을 남기고, 위쪽으로 새로운 산호가 성장해가는 것이다. 이 같은 해저의 침하를 증명하기 위해서 다윈은 산호초 부근의 지질도를 제작하려 한 것이다. 산호초가 150피트 이상의 깊은 곳에도 있다는 것을 다윈 자신은 관찰하지 못했지만 수년 후에 산호초를 천공하는 조사가 이루어졌고 그것이 확실하다는 것이 증명되었다.

　산호초에는 환초 외에도 주로 두 가지 형태가 있다. 다윈은 해저의 침하와 함께 점차 암초의 형태가 바뀌어 마지막으로 환초가 완성된다고 했다.

　다윈의 설은 라이엘의 찬성을 얻었다. 『지질학 원리』의 그 후의 판은 이 학설을 채용하여 다시 써졌다. 오랫동안 그것은 지질학상의 정설로 여겨졌지만, 해저가 융기하고 있는 장소에도 산호초가 생성하는 경우가 있다는 사실을 알고, 아가시 등 그 외의 학자들에 의해 수정되었다.

『산호초』는 다윈의 다른 전 저작에 비해 하나의 특색을 지닌다고들 한다. 이 책만이 논의를 펼칠 때 연역적 방법을 많이 사용했다. 다시 말하자면 대부분 사실로부터의 귀납에 의해 결론을 내는 것이 아니라 하나의 원칙에서 출발하여 논의를 전개하고 있다. 즉 베이컨적 원칙을 엄격히 지키고 있지 않다.

애초에 다윈은 항해 도중, 남아메리카 서해안에서 아직 산호초를 실제로 보지 않았을 때 그것의 생성 원인에 대한 라이엘의 설에 의문을 품고, 그것을 대신할 자신의 설을 생각해낸 것이다. 킬링섬에서의 그의 관찰은 오히려 자신의 설을 증명할 사실을 원한 것이라고 말해도 좋다.

그러나 다윈의 다른 저작이 모두 귀납적이고, 『산호초』만이 연역적이라는 식으로 확실히 구별해버릴 수는 없다. 가령 진화의 원인에 대해 다윈 자신이 어떻게 말하든, 그가 미리 하나의 원칙(자연선택)에 기대어 그것에 대해 사실 증명을 원했다고 말하지 못할 것도 없는 것이고, 산호초의 생성 원인에 대한 그의 설이 산호초 그 자체를 실제로 본 것이 아니라 하더라도, 다른 사실이나 법칙에서 귀납된 것이라고 할 수 있기 때문이다. 또한 과학의 방법에 관해 귀납과 연역의 대립은 있지만, 이 두 가지만이 과학의 방법을 이루는 것은 아니다. 하지만 지금 여기에서 내 과학론을 이야기하는 것은 전기로서 지나친 것이기에 피한다. 다만 『산호초』가 기술한 점에서 특색이 있다고 하더라도 그 특색이 상대적인 것, 혹은 정도의 차를 나타내는 것이라는 사실을 말해두면 충분하다.

『산호초』의 교정을 끝내고 곧, 그해 6월에 다윈은 '종의 기원' 문제에 대한 자신의 이론의 요지를 적어두었다.

다윈은 자신의 생애를 건 일을 위해서 런던이 좋은 장소가 아니라는 사실을 점차 통감했다. 다른 사람과의 교제가 너무 많다. 거절하지 못할 초대도 있고, 방문객을 거절할 수도 없다. 대도심의 텁텁한 공기 그 자체도 좋지 않다. 자신의 건강을 지키고 '종의 기원'을 밝히는 일에 드디어 침착하게 집중하기 위해서 어딘가 시골에 틀어박히는 편이 좋다. 항해 후의 표본 정리나 학계에서의 자신의 지위 확립을 위해 잠시 런던에 살 필요가 있었지만, 이미 그 목적은 달성되었다. 런던과는 달리 한적한 토지는 없는 걸까. 이렇게 다윈 부부의 땅 찾기가 시작되었다. 좀처럼 그들 부부의 마음에 드는 땅도 집도 없었다. 결국은 '찾다가 지쳐서'라고 말하는 편이 맞지만, 겨우 켄트주의 다운^(주3)에, 18에이커(약 2만 평)의 토지가 딸린 가옥을 사기로 했다. 가격은 2,200파운드였다. 그것은 1842년 7월의 일이었다.

이해 여름, 다윈의 건강은 얼마간 좋아진 듯했다. 그래서 노스웨일스에 빙하의 흔적을 관찰하러 갔다. 그가 긴 연구 여행을 한 것은 마지막이었다.

9월 14일에 다윈 일가는 다운으로 이사했다.

2. 다운의 생활 1

다윈의 집은 40채 정도의 시골집이 옹기종기 모여 있는 다운 마을에서 조금 떨어진 곳에 있었다. 이전 세기풍으로 지어진 탓에 집이 길과 가까이 있는 것이 다윈은 마음에 들지 않았다. 하지만 남쪽으로 펼쳐진 12에이커의 땅에 떡갈나무와 물푸레나무가 여기저기 심겨 있는 풍경은 운치가 있었다. 3층 벽돌집 겉면에 발린 흰색 도료는 때가 타 있었지만, 회반죽을 발라 말끔히 단장했다.

주3) 보통은 Down이라고 쓰이는데, 다윈이 그렇게 쓰고 있으나 Downe이 맞는 표기이며 다윈 부부는 그 표기를 늘 썼다고 한다.

다윈은 이곳으로 이사하자마자 곧장 담장을 만들고 나무를 심었다. 1층부터 3층까지 곧바로 이어지는 돌출 창을 달고, 이 창에 송악이 타고 오르며 자라도록 했다. 나중에 자녀가 하나둘 늘고, 그들이 성장하면서 더욱 개조하고 증축되었다. 다양한 책에 실린 사진 속 정원을 향해 베란다가 나 있는 응접실이나 훗날 다윈이 서재로 쓴 공간은 나중에 지어진 것이다.

다운은 런던 중심부에서 동남쪽으로 약 15마일 정도 떨어진 곳에 있다. 다윈이 살기 시작한 무렵에는 런던으로 나오려면 크로이던 혹은 시드넘역까지, 8마일의 시골길을 나이 든 정원사가 모는 마차를 타고 가야만 했다. 기차가 더욱 가까운 곳을 지나게 된 후에도 가장 가까운 오핑턴역까지는 4마일 떨어져 있었다. 런던에서 그리 멀지 않으면서도 방문객이나 사소하고 번잡한 세상일에 방해받지 않는 최적의 은거지였다.

이사할 무렵 임신 중이었던 다윈 부인은 얼마 지나지 않아 여자아이를 낳았다. 아이에게 메리 엘리노어Mary Eleanor라는 이름을 붙여주었으나 생후 불과 23일 만인 10월 16일에 사망했다. 그러나 이듬해 9월, 3녀인 헨리에타 엠마Henrietta Emma가 태어났다.

다윈은 초반에는 많은 손님을 초대했고, 그 자신도 런던에서 열리는 학회 이외의 모임에 참가하거나 지인의 집을 방문하기 위해 나섰다. 그러나 다윈 자신이 건강을 점차 염려하게 되면서 머지않아 아주 친한 친구나 가까운 친척 외에는 초대하지 않게 되었고, 그 자신이 가는 것도 자제하게 되었다. 1850년 무렵까지 다윈이 주로 방문한 곳은 런던, 슈루즈베리, 메이어 등이었다. 다만 영국 학술협회[주1] 총회를 위해 사우샘프턴(1846년), 옥스퍼드(1847년), 버밍엄(1849년)에도 갔다.

다윈이 다운에서 초기에 몰두한 작업은 그 이전 시기에 이어서 주로 지질학에 관한 것이었다. 이사 직전인 1842년 여름부터 1844년 1월까지 『화산섬』 집필에 전념했다. 이어서 『남아메리카의 지질학적 관찰』을 1844년 7월부터 이듬해 4월까지 썼다. 이 책은 그 이듬해 출간되었다. 실은 이 두 노작勞作은 『산호초』와 함께 '지질학적 관찰' 시리즈 3부를 이룬다. 이들 저작 덕분에 다윈은 지질학사에도 이름을 남겼다. 또한 1845년에 『비글호 항해기』 제2판이

주1) British Association(for Advancement of the Science). (영국과학협회-역자 주)

간행되었다.

단행본으로 출간된 것 외에 지질학과 동물학의 논문을 여러 편 썼고 논문은 잡지에 발표되었다. 동물학 연구는 화살벌레나 플라나리아 등 무척추동물에 관한 것뿐이었다.

그러나 이 시기에 훨씬 중요한 다윈의 작업은 세상에 알려지지 않은 채 착실히 진행되었다. 바로 종의 기원에 관한 연구였다.

"… 나는 인간이 동물학의 유용한 레이스를 만드는 데 성공하기 위해 중요한 방법이 자연선택에 있다는 것은 금세 깨달았다. 그러나 자연 상태에서 생활하는 생물에 대해 자연선택이 어떻게 적용되는가를 당분간 나는 알 수 없었다. 내가 체계를 갖춘 연구를 시작한 지 15개월 후인 1838년 10월에 우연히 맬서스Malthus의 『인구론』을 읽었다. 나는 동식물의 습성에 대해 오래 고찰해왔고, 덕분에 온갖 곳에서 일어나는 생존 투쟁을 충분히 이해할 준비가 되어 있었기에 이러한 환경하에서는 유리한 변이가 보존되고 불리한 변이는 쇠퇴하리라는 생각이 마음속에 일었다. 이렇게 새로운 종의 형성이 일어나는 것이리라. 여기에서 나는 내 작업의 의지가 될 학설에 도달한 것이다. 그러나 나는 애써 편견을 피하고 싶었기에 당분간은 간단한 개요조차 쓰지 않기로 했다. 1842년 6월이 되어 나는 내 학설의 요지를 연필로 35쪽가량 썼다. 이것을 1844년 여름에 230쪽으로 늘려서 쓴 후 정서하여 보관했다."(자서전)[주2]

만약 다윈의 말을 그대로 믿는다면 신종 형성에 관한 그의 학설, 즉 자연선택설은 맬서스를 읽은 1838년 가을에 이미 기초가 완성되었으나 그가 인위도태에 관해 깨달은 것은 그보다 앞선 일이다. 1842년 6월까지 그는 자신의 설에 대한 확신을 얻을 수 있었다. 런던을 떠나 조용한 땅에서, 공직에 대해 전혀 관심을 두지 않고 연구와 저술에 전념하자는 결심이 굳어진 이유는 아마도 여기에 있었으리라. 1842년 6월에 쓰인 메모(스케치)는 다윈 사후인 1896년에야 발견되어 2년 후에 만들어진 개요(에세이)와 함께 1909년 즉 다윈 탄생 100주년 기념제를 계기로 출판되었는데 이 메모에는 그가 훗날 발표한 학설과 거의 차이 없는 사상이 기록되어 있다.

주2) 전 절인 158쪽 인용문에 곧바로 이어진다.

다만 자서전에 따르면 그는 한 가지 중요한 사실을 아직 깨닫지 못하고 있었다. 학설은 오직 그 부분만 미완성이 었다. 그것에 관하여 자서전에는 위 인용문에 이어서 다음과 같이 쓰여 있다.

"그러나 그 당시에, 나는 하나의 매우 중요한 문제를 놓쳤다. 완전히 콜럼버스의 달걀과 같은 것인데, 왜 내가 그 문제와 그 해답을 간과했는지 솔직히 의외다. 그 문제란 바로 하나의 뿌리에서 유래하는 생물이 변화함에 따라 형질의 분기가 일어난다는 것이다. 생물이 엄청난 분기를 발생시켜왔다는 사실은 모든 종이 속에, 속이 과에, 과가 아목에 … 등으로 분류되는 방법에서 볼 때 명백하다. 그것에 관한 해답이 마음속에 떠오른 것은 마차를 타고 가던 때였다. 나는 길의 어느 지점에서 그 생각이 났는지 정확히 기억하고 있다. 그것은 내가 다운에 온 지 꽤 지난 후의 일이었다. 이 해답은, 내가 믿는 한, 우세하고 증가력이 있는 모든 종류가 생성하는 변화된 자손이 자연의 경제 속에서 크게 변화한 다양한 장소에 적응하게 된다는 것이다."

이것이 『종의 기원』 모식도에서 설명되는 '형질 분기Divergence of Character이며, 자연선택에 의한 종의 기원(즉 진화)을 완성시키는 원리다. 드 비아는 1852년으로 추정하지만, 1844년의 개요에 그 사상이 담겨 있으므로 그보다 더욱 이르다는 의견도 있다. 다윈이 자신의 주제에 관해 사색을 진행한 경위는 그에게 있어서 과학의 방법 문제와 얽히는데, 최근 과학사가들에 의한 자세한 분석이 진행되고 있다.

다윈은 참을성 많으며 끈기 있고 꼼꼼한 사람이었다. 이것은 종의 기원 연구뿐 아니라 그의 모든 노작에서, 또한 그의 생활 태도에서 나타난다. 그것이 그의 타고난 성격이었는지, 아니면 환경에 의해 만들어진 것인지 나는 지금 단정 지을 수 없다. 인간은 종종 거인의 재능을 천성으로 돌리며 그것을 찬미하며 동시에 자신은 범속凡俗한 비애를 느끼며 끝나는데, 이러한 사람은 인간이 만들 수 있는 것, 단련할 수 있는 것이라는 사실을 잊고 있는 것이다. 설사 다윈이 아무리 천재였다 하더라도 또한 그의 성공에 우연한 기회가 관여했다고는 해도, 우리가 우리 시대의 다윈이 되어, 혹은 우리 시대의 다윈을 만드는 것이 불가능하다고 포기할 이유가 되지는 않는다. 과거에도 현재에도 우리 사회는 매우 많은 인간의 큰 천재적 소질 내지는 싹을 키우는 일을 하지 않는다. 우리는, 자신 안에, 혹은 우리 자녀 안에 잠들어 있는 소질을 발견하고, 갈고닦아 그것을 발달시키기 위해 좋은 환경과 기회를 제공하는 법을 배우고, 또한 그것에 관한 반성의 기연을 추구하는 것을 바라야만 비로소 과거의 위대한 인물의 생애에 관해 아는 것을 바라는 것이다.

다만, 다윈의 놀라운 끈기에 관해서는 다음을 생각해두어야 한다. 그것은 그가 젊은 시절에 파악한 위대한 사상이 그의 생애에 걸쳐 큰 격려가 되었다는 사실이다. 이 격려의 힘이 없었다면 그는 그만큼 강한 참을성으로 자신의 건강을 소중히 돌보면서 끊임없는 노력을 이어갈 수 없었을지도 모른다. 어느 정도는 공직의 지위에 마음을 빼앗길 때도 있었으리라.

종의 기원 문제에 대한 저작을 언제 발표할 수 있게 될지, 다윈은 가늠할 수 없었다. 자신의 사상이 발표되기 전에 죽기라도 한다면 그것은 영원히 묻히게 된다. 일은 끈기 있게 해야 하지만 당장의 건강하지 않은 몸 상태가 언제 치명적인 것이 될지 모른다. 1844년의 개요는 자신이 비명에 죽었을 경우를 대비해 쓴 것이다.

1843년 9월에 후커가 항해에서 돌아왔다. 그가 탄 에레버스호는 남극 지방에서 돌아오던 중 비글호가 기항한 섬들을 돌았다. 후커가 집으로 보낸 편지를 다윈은 라이엘의 손을 통해 빌려서 흥미롭게 읽었다. 라이엘은 후커의 능력을 높이 평가했고, 헨슬로도 그를 아꼈다. 한편 후커는 다윈에 대해 깊은 존경의 마음을 품고 있었다.

앞서 말했듯, 후커는 항해 이전에 다윈과 서로 아는 사이였지만 귀국하자마자 곧잘 절친한 친구가 되었다. 다윈은 34세, 후커는 26세였다. 다윈은 지질학과 동물학은 직접 자신이 연구했지만 식물학은 아직 잘 알지 못했기에 이 영역의 좋은 의논 상대를 원하기도 했다. 후커는 건강하고 밝은 성격의 인물이었다. 빈정대거나 농담하기에도 능했지만 다윈의 집에 오면 땅에 엎드려서 다윈의 자녀들을 등에 태우고 곰이 울부짖는 흉내를 내면서 아이들과 놀아주었다. 다윈은 이윽고 만약 자신이 죽는다면 위대한 연구의 후사를 이 사람에게 부탁해야겠다고 결심하기에 이르렀다. 이 무렵 다윈의 집에 이따금 손님으로 찾아오게 된 사람들 중에는 후커나 가까운 친척 외에 저명한 동물학자이자 지질학자인 에드워드 포브스Edward Forbes(1815~1854), 휴 팔코너Hugh Falconer(1808~1865), 벨Bell, 워터하우스Waterhouse 등이 있었다. 그러나 다윈의 건강이 좋지 않을 때도 붙잡는 사람은 오직 후커뿐이었다. 그는 때로는 몇 주 동안 머물렀다. 아침 식사 후 30분간, 다윈은 식물학과 지질학에 대해 후커에게 질문했다. 그것이 끝나면 다윈은 자신의 서재에 틀어박혔다. 오후가 되면 후커가 머무는 방의 창밖에서 산책을 하자고 부르는 다윈의 목소리가 들렸다.

후커는 다윈이 생물 진화에 대한 자신의 학설을 기탄없이 들려준 유일한 인물이었다. 그 외에는 제닌스라는 이름만이 거론된다. 헨슬로의 매제인 이 사람은 『비글호 항해의 동물학』에서 어류 부분을 썼다. 다윈은 라이엘에게도 넌지시 이야기해보았으나 편견 없는 학자라고 생각했던 이 사람도 진화 사상에는 정면부터 반대하는 듯했기에 깊은 이야기를 할 수 없었다. 그는 자신보다 훨씬 젊고 심지어 명석하기까지 한 헉슬리에게 기대를 걸었지만 그도 어려워 보였다. 후커도 찬성 의향은 드러내지 않았으며 오히려 깊은 회의를 보였지만 그에게는 숨김없이 이야기 할 수 있었던 것이다.

1844년에 익명의 저작인『생물 자연사의 흔적Vestiges of the Natural History of Creation』제1권이 맨체스터에서 출간되었다. 이 책 저자가 에든버러의 지식인으로 출판업자인 로버트 체임버스Robert Chambers(1802~1871)라는 사실이 알려진 것은 한참 후의 일로 한때는 다윈이 저자라는 소문도 나돌았다. 다윈은 출판 후 얼마 지나지 않아 이 책을 읽었다.『생물 자연사의 흔적』에 관해서는 나중에 이야기하겠다.

1846년, 다윈의 연구는 큰 전환을 맞이했다. 지질학에서 동물학으로 그 무게중심이 옮겨간 것이다.

이해 10월부터 만각류蔓脚類(절지동물 갑각강의 한 아강亞綱에 속하는 동물의 총칭. 거북손, 조무래기따개비, 주머니벌레, 줄따개비 등이 포함된다.-역자 주)에 관한 연구가 시작되었다. 이는 동물학에서 말하자면 새우나 게가 속하는 갑각류 중 한 종류로, 우리가 바닷가 바위나 선창 등에서 볼 수 있는 따개비나 조개삿갓의 친척이다. 따개비를 보면 알 수 있듯이, 석회질의 껍데기가 있고 안에 있는 몸통에 마디가 없는 것처럼 보이기에 예전에는 패류와 함께 연체동물로 편입되어 있었다. 만각류가 연체동물이 아니라는 사실을 밝힌 것은 라마르크의 공적이었다. 그는 만각류가 갑각류 안에 속하는 것이라고는 하지 않았지만, 그것에 가깝다는 사실을 인정했다. 그 이후 해부나 발생 연구에 의해 만각류가 갑각류 중 하나라는 사실이 확인되었으나 그 분류학도 형태학도 아직 매우 혼란스러운 상태였다.

다윈은 칠레의 해안에서 조개껍데기에 구멍을 파고 사는 기묘한 만각류를 채집했다. 그것을 조사해보고 싶다고 생각한 것이 만각류 연구의 시작이었다. 하지만 이 연구에 한 발 들어선 다윈은 곧장 자신이 미로 속에 서 있다는 것을 느꼈다. 그는 만각류 때문에 어느덧 8년이라는 세월을 쓴 것이다.

무엇이 되었든 다윈은 철저하게 조사하지 않으면 성에 차지 않았다. 그의 연구 노력은 만각류 전부의 분류, 형태, 발생 및 현생의 것뿐 아니라 화석종의 연구에까지 미쳤다. 1851년에 현생종과 절멸종(화석)에 관한 것 제1권이 각각 나왔고, 1854년에 각각의 제2권이 모두 레이 학회Ray Society의 손으로 간행되었다.

생물학의 역사상에서 말하면 동물의 형태학과 진화론은 깊은 관계를 맺으며 서로 교류·발전한다. 그러나 다윈은 원래 형태학자가 아니라 이 교류의 역사의 길에서 조금 떨어진 곳에 서 있다는 말이 종종 들린다. 물론 단순히 형태학자로서라면 다윈 전후 시대에 그보다 뛰어난 학자가 몇 명 있다.

요하네스 뮐러, 오언, 아가시, 헉슬리, 게겐바우어 등의 이름을 들 수 있으리라. 그러나 우리는 다윈이 형태학자가 아니라고는 결코 말할 수 없다. 1850년대의 분류학이나 형태학 저작에서 오늘날의 연구자가 반드시 참조해야만 하는 문헌은 지극히 적다. 다윈의『만각류』는 아마도 그 지극히 적은 책 중 가장 먼저 꼽힐 것이다. 이것은 다윈의 관찰이 얼마나 자세하고 정확했는지를 증명한다. 만각류는 이른바 구조가 매우 특수한 동물이므로, 우리의 경탄은 더욱 큰 것이다.

그러나 만각류에 대한 다윈의 연구는 그저 분류나 형태의 기재에 머물러 있지 않다. 그는 각 종에 의해 다른 형태가 각자의 것의 습성과 어떻게 깊은 관계를 맺고 있는지, 다시 말해 어떻게 습성에 적응한 것인지를 끊임없이 주목했다. 바위에 붙어 있는 것, 조개껍데기에 구멍을 내는 것, 게의 복부에 기생하는 것 등 각자의 생활환경에 맞춤한 구조를 이루는 것이다. 원래는 동일했으리라 생각되는 기관이 습성에 따라 나타내는 이러한 변화를 다윈은 자세히 조사했다.

분류, 즉 종명을 결정하고 각각의 종류(속과 과)에 편입시키는 작업을 하면서 다윈은 개체에 의한 형태의 변이가 얼마나 큰지를 보았다.

따개비는 '보조수컷complementary male'을 지니는 종류가 있다는 사실을 다윈은 발견했다. 바다에 붙어 사는 따개비는 자웅동체로, 양성의 교미기copulatory organ를 갖추고 있다. 각각의 개체는 수컷 구조의 교미기를 늘여서 다른 개체에 가닿게 하여 수정시킨다. 그러나 다윈이 한 종류의 만각류를 조사했더니 그 몸속에 작은 수컷이 기생하고 있는 것을 알게 되었다. 이것이 '보조수컷'이다. 바위에 붙어 있는 개체가 다른 것으로부터 멀리 떨어져 있어서 교미기가 와 닿지 못할 경우에 이 작은 수컷이 도움이 되는 것이라고 다윈은 생각했다. 다윈의 이 발견은 한때는 의심의 눈초리를 받았으나 나중에 확인되었다.

8년이라는 세월은 길었다. 그러나 만각류 연구는 종의 문제를 분류학 면에서, 형태학 면에서, 발생학 면에서, 혹은 변이나 적응 문제의 면에서 다시금 검토할 기회를 다윈에게 부여했다.

물론 종의 기원 문제에 관해 널리 자료를 모으고 정리하는 일도 중지되지는 않았다. 나아가 『종의 기원』보다 이후에 나온 저작들의 내용이 된 관찰이나 작은 실험, 문헌 조사도 이루어졌다. 가령 사망하기 전년에 나온 마지막 저작 『지렁이의 활동과 분변토의 형성』에 관한 관찰은 그가 일찍이 메이어에서 한 것으로 그것에 관한 짧은 논문이 이 시기에 발표되었다.

『영국의 화석 만각류의 연구』를 집필하는 8년 동안 다윈의 신변에는 여러 사건이 있었다. 1848년 11월 13일, 다윈이 39세 때 부친 로버트 워링이 고령으로 세상을 떠났다. 다윈은 아버지를 존경하고 사랑했지만, 도저히 장례식에 참석할 수 없는 상태였다. 그 겨울 동안 다윈의 건강 상태는 최악이었다.

그 이듬해 다윈은 지인의 권유를 받아 몰번Malvern에 있는 개리 박사의 치료소에 수水치료를 받으러 갔다. 효과는 일시적인 것으로 생각되었으나 다윈의 마음에는 들었다. 그는 종종 몰번에 갔을 뿐 아니라 자택에 관수 욕조를 만들어 늙은 하인에게 몸에 물을 끼얹도록 했다.

그러나 몰번은 결국 다윈에게 슬픈 추억의 장소가 되고 말았다.

1851년 정월에 다윈의 집에는 일곱 명의 자녀가 있었다. 윌리엄이 11세, 앤이 9세, 헨리에타가 7세, 조지가 5세. 그리고 최근 3년 사이에 엘리자베스, 프랜시스, 레너드 세 명의 아이가 태어났다. 다윈의 가정은 아이들의 웅성거림으로 매우 왁자지껄했다. 이해 3월에, 다윈의 건강은 더없이 좋아 보였다. 월말에 그는 앤을 데리고 몰번으로 갔다.

기분이 좋았기에 다윈은 2주 후에 또 몰번에 갔다. 이번에도 앤과 함께였다. 아, 그러나 어떤 무시무시한 악마가 이 사랑스러운 앤을 주시한 것인지, 갑자기 고열은 나지 않았지만 심각한 병세를 보였다. 소식은 곧바로 다운에 알려졌지만 다윈 부인은 출산한 지 얼마 되지 않은 몸이라 올 수 없었다. 4월 23일, 갓 열 살이 된 앤은 아버지가 홀로 지켜보는 가운데 세상을 떠났다. "오늘 12시에 앤은 정말로 평화롭고 사랑스러운 모습으로 마지막 잠에 들었소. … 신이시여, 이 아이를 편히 잠들게 하소서. 여보, 우리는 더욱 더욱 서로에게….” 부인의 답장. “소중한 것을 잃은 슬픔이 너무 커서 다른 아이들에게 아무것도 해줄 의욕이 나지 않는 것이 괴로워요. 하지만 곧 일어설 수 있겠지요. 제게 무엇보다 소중한 것은 당신이에요(지금까지도 그랬어요). 그걸 잊지 마세요. 부디 무사히 돌아와서 함께 울어주세요. 그것만이 위로의 희망입니다.” 앤은 몰번의 묘지에 묻혔다. 어머니의 마음에 새겨진 슬픔은 깊었다. 그 후로 평생 동안 그녀는 앤의 이름을 거의 입에 올리지 않았다. 아버지는 앤의 추억을 글로 적어 그것을 책상 속에 넣고 연구로 슬픔을 덜어보려 애썼다. 그러나 10년 후에 그는 썼다. “애니의 어여쁜 모습들을 생각하면 지금도 자주 눈물이 난다.”

다윈 부부는 아이들을 다정하게 사랑했고, 또한 그들을 열심히 교육했다. 아이들이 모두 훌륭한 인간으로 성장한 것은 부모의 배려와 교육에 의한 것이다. 다윈의 가계가 우량하다는 말을 곧잘 하는데, 결코 그러한 소질상의 문제만이 아니라고 나는 생각한다.

앤이 죽은 지 얼마 지나지 않아 아홉 번째 아이인 호레이스가 태어났다. 그 후 첫째인 윌리엄은 럭비 스쿨Rugby School(잉글랜드 워릭셔주 럭비에 있는 영국에서 가장 오래된 공립학교.-역자 주)에 입학했다. 아이들의 교육에 관해서 다윈이 폭스와 의논한 편지도 남겨져 있다. 1952년에 다윈은 직접 윌리엄의 모습을 보러 럭비로 찾아갔다.

1847년에 후커는 인도로 탐험 여행을 떠났다. 그는 오지에서 일부러 수많은 모험을 했고, 성과를 들고 1851년 3월에 영국으로 돌아왔다. 약 4년 동안 다윈에게 최고의 상담 상대가 자리를 비웠던 것이다. 앤의 죽음은 그의 마음을 아프게 했지만 후커의 귀환으로 앞으로의 작업, 아니, 싸움을 위해 무엇보다 든든한 지원군을 얻은 마음이 들었다.

게다가 얼마 지나지 않아 다윈은 또 한 명의 젊고 유능한 학자를 자신의 지인으로 삼을 수 있었다.

토머스 헨리 헉슬리Thomas Henry Huxley(1825~1895)는 다윈이 에든버러에 처음으로 갔을 때, 즉 1825년에 태어났다. 다윈보다 16살 어린 것이다. 그는 다윈처럼 풍족하게 자란 것도 아니고 후커처럼 학자 집안에서 태어난 것도 아니었다. 헉슬리의 청년 시절의 모습은 지식의 욕망에 불타는 정열, 그 자체였다. 그는 어린 시절 수많은 훗날의 박물학자들처럼 갑충이나 나비를 쫓는 일을 하지 않았다. 그의 첫 희망은 기술자가 되는 것이었으나 이런저런 사정으로 의학을 배워서 생활을 위해 군의관이 되었다. 다윈도 후커도 22세에 항해를 나섰으나 헉슬리는 한 살 더 젊은 21세에 군함 래틀스네이크호를 타고 오스트레일리아로 떠났다. 셋 중 헉슬리만 특별히 풍요롭지 않은 조건하에서 항해를 했다. 그러나 갑판을 더럽혀서 사관들에게 원성을 들으면서 그는 해양 동물을 채집하고 관찰하고 논문을 포브스 외의 학자에게 보냈다. 1850년 말, 헉슬리는 조국의 학계에서 이미 이름이 알려졌다는 사실을 전혀 알지 못한 채 오히려 실망을 안고, 심지어 오스트레일리아에 남기고 온 사랑하는 약혼자 히슨과 먼바다를 사이에 두고 안타까움을 가득 마음에 품고 돌아왔다. 연애와 결혼도 그가 보인 열정은 매우 격렬하다.

헉슬리는 귀국 이듬해 왕립학회 회원으로 뽑혔다. 아직 스물여섯밖에 안 된 청년 학자였다. 연구를 위해 해군을 떠났고 생활을 위해, 결혼을 위해 그의 고민은 이어졌지만 어찌 됐든 이윽고 그는 다윈에게 인정을 받았다.

아마도 헉슬리는 19세기 생물학자 중에서 가장 명석한 인물이었다고 할 수 있으리라. 그는 생물학 연구에 몸담자마자 곧 그 혼미한 모습을 간파했다. 그의 예리한 비판의 눈은 우선 형태학을 향했다. 오켄, 괴테, 조프루아 생틸레르 등의 자연철학적 형태학, 그것은 망상 이외의 그 무엇도 아니지 않은가. 퀴비에는 형태학을 실증적 과학의 길로 올려놓은 듯 보인다. 그러나 그 또한 뒤집어보면 자연철학의 노예다. 실증적이기 위해 개개의 사실을 추구하기는 했으나, 아무런 이론도 없었으므로 자기도 모르는 사이에 기존의 이론을 차용하게 되는 것이다. 그의 '틀'이 그것이다. 퀴비에는 동물계에는 따로따로 창조된 네 개의 틀이 있다고 한다. 그러나 자신의 해파리 연구의 결과는 퀴비에의 설로는 도저히 설명할 수 없다.

당시 영국 학계의 권위자였던 오언도 퀴비에의 아류에 지나지 않았다. 귀국해서 맨 처음 만난 오언은 헉슬리에게 좋은 인상을 준 것 같기는 하나, 2년이 지나지 않은 사이에 그는 이미 오언의 정체를 꿰뚫어보았다.

그러나 생물학에 대한 헉슬리의 비판은 다윈의 위대한

사상을 이해하기까지는 아직 이르지 못했다. 다윈과의 나이 차도 컸고 후커만큼 신뢰를 그에게서 받지도 못했다. 헉슬리가 다윈 최대의 아군이 되어 다윈설을 위해 싸워줄 전사가 된 것은 『종의 기원』이 출간된 후의 일이었다. 그때까지 그는 두개골이 척추골의 변형이라는 우매한 형태학의 설들을 때려눕히기 위해 고군분투했다.

『영국의 화석 만각류의 연구』 작업을 마친 다윈은 드디어 종의 기원 문제에 관한 작업의 정리에 착수하기로 했다. 230쪽의 개요를 쓴 후 이미 10년의 세월이 지나 있었다. 서른다섯의 다윈이 마흔다섯이 되어 있었던 것이다.

3. 종의 기원 1-자연선택설

진화론의 조류에서 다윈이 차지하는 지위를 확실히 파악하기 위해서는 진화론사의 전부를 이야기할 필요가 있다. 그러나 나는 그것을 이미 나와 있는 다수의 다른 책에 양보하고 여기에는 종의 개념의 역사에 관해 짧게 소개하는 데 그치려 한다.

17세기 영국의 학자인 레이John Ray(1628~1705)는 근세에서 분류학을 최초로 집대성한 인물이다. 런던의 레이 학회는 그의 이름에서 따온 것이다. 그는 세대를 거듭해도 성질(구조의 특징)이 변하지 않는 것이 종種이라고 정의했다. 그는 또한 자연신학의 성립에 큰 기여를 한 인물이기도 했다.

다음 세기의 린네Carl von Linné(1707~1778)는 분류학의 확립자로 알려져 있다. 그의 저서『자연의 체계』는 그 후 분류학의 기초가 되었다. 그의 분류 방법은 여전히 인위적이다. 그는 자연분류의 필요성을 인정했지만, 그것이 매우 어려운 작업이라고 생각했다. 다만 인간과 원숭이를 영장류로 일괄한 것은 린네였다. 그는 처음에는 종이 절대로 불변하는 것이라고 굳게 믿었으나 만년에는 일정 범위에서의 변화를 인정하는 방향으로 기울었다.

린네와 같은 세기의 프랑스 철학자와 과학자 사이에 생물 진화 사상이 점차 싹텄다. 그들은 종이 불변의 것이 아니라는 사실을 주창했다. 만년의 린네는 종 안에서의(변종이나 아종) 변화나 잡종에 의한 신종의 형성을 인정하고 동속 안에서의 종이 원래는 하나였다는 것조차 생각했던 것 같다. 그러나 린네도, 나아가 그와 비슷한 생각을 지닌 학자들도 그 견해가 완고한 종의 불변론자의 주장에서 멀리 떨어져 있다고는 할 수 없다. 완고한 불변론자는 창세기에 기록된 문자 그대로, 혹은 창세기가 비유로 말하고 있듯, 천지창조 초기에 현재 지상에 있는 각각의 종이 개별적으로 창조되었다고 인정한다. 그것에 대해 진화론자는 모든 종이 자연의 원인으로 발생한 것이라는 점, 즉 최초로 소수의 종이 자연의 원인으로 발생했고, 그것들이 역시 자연의 원인에 의해 변화함과 동시에 다수의 종으로 나뉘었다고 설명한다.

18세기 말부터 19세기 초에 걸쳐 이래즈머스 다윈과 라마르크의 진화론이 성립되었다. 두 사람의 학설은 꽤 많이 닮았지만 학문의 체계로서는 라마르크가 훨씬 더 조직적이다.

라마르크는 프랑스의 식물학자들이 주장하기 시작한 자연분류법을 무척추동물학에 적용하여 기초를 세우려고 노력했다. 알려져 있듯, 자연분류법의 발달이 생물학자에게 진화의 사실을 깨닫게 하는 하나의 기연이 되었고, 동시에 진화론의 확립에 의해 자연분류여야만 한다는 사실이 분명해졌던 것이다. 개체의 변이가 때로 매우 큰 것이며, 종의 구별이 어려운 경우가 있다는 것도 라마르크는 알았다. 이 사실은 종의 개별적 창조를 의심하게 만드는 부분이다.

18세기 후반부터 비교해부학(비교형태학)과 고생물학이 과학의 체제를 정비하게 되었다. 라마르크는 이들 과학에도 종사하며, 그들 과학이 당시 명백히 내세웠던 사실의 지식을 이용하기도 했다. 비교해부학은 분류상에서 가까운 곳에 위치하는 동식물이 같은 구성을 나타내는 것, 바꿔 말하면 원래 형태나 배열이 동일한 각 기관이 각각의 종의 습성에 따라 변화한 것이라는 생각을 명백히 했다. 고생물학, 즉 화석 연구는 지층에 따라서 유사하기는 하나 차이가 있는 화석이 포함된 것, 매우 오래된 지층에는 단순한 구조를 지닌 생물 화석밖에 포함되어 있지 않다는 것을 알렸다. 이것은 모두 종의 변화설을 지지하는 것이다.

그러나 당시 과학의 발달은 더욱 커다란 결함을 안고 있었으므로 진화론자의 설의 불완전함을 지적하려고 마음 먹으면 얼마든지 지적할 수 있었다. 가령 고생물학의 영역에서 화석이 종의 변화의 계열을 나타내지 않는다는 점, 또한 오래된 지층과 새로운 지층의 화석에 종종 화석과 현재의 생물에 동일한 종이 발견되는 경우가 있다는 사실은 진화론의 약점을 이루는 것이었다. 실제로 퀴비에는 이들 사실을 근거로 라마르크설을 공격했고, 그 자신의 천변지이설을 세웠다.

형태학은 18세기 후반부터 자연철학(형이상학)의 노예가 되었다. 그것에 관해 여기에서는 설명을 생략하기로 하자. 19세기에 들어와 생물학은 실증주의의 영향 아래에 놓이게 되었는데 자연철학의 경향도 뿌리 깊어서, 어떤 경우에는 학자가 전혀 눈치 채지 못한 채로 잔존했다. 절충주의의 혼란이 이렇게 생겨났다. 퀴비에나 오언이 그런 양상을 보였다. 그러나 그들은 혼란에 당황스러워하면서도 어떻게든 진화론의 잘못을 폭로하려 했다. 해부학에서 아직 부정밀한 부분이 그들이 주목한 점이었다. 훗날 오언이 인간의 뇌에는 원숭이의 뇌에 전혀 없는 부분이 있다고 주장했고, 따라서 인간과 원숭이가 동일한 조상에서 유래했다는 설은 성립하지 않는다고 말하며 헉슬리와 논쟁한 것이 그 예다.

한편, 종의 개념을 정의하는 어려움이 예전부터 학자들을 고뇌에 빠뜨렸다. 다윈은 이렇게 썼다. "종이라는 말에 대해 부여된 각종 정의를 여기에서 논의하는 것은 그만두기로 하자. 모든 박물학자를 만족시키는 정의는 존재하지 않는다. 심지어 박물학자라면 누구나 종이라는 말을 가져올 때 그것이 무엇을 의미하는지를 막연히는 알고 있다."(『종의 기원』, 30쪽)(주1)

종의 기원을 정의하는 어려움은 오늘날 학자들조차 통감하는 부분이다. 그러나 다윈 시대나 그 이전 시대에는 종이 어떻게 생긴 것인지에 관해 잘못된 생각이 계속 이어지기도 했고 견해의 대립과 혼란이 있었기에 그 어려움이 더욱 컸다. 한편, 종이 어떻게 생겨났느냐는 문제, 즉 종의 기원에 관해 앞서 말한 것처럼 개별적 창조설(불변설)과 자연적 원인에 의한 발달설(진화론)이 대립각을 세운다. 종의 기원 문제가 결국 생물 진화의 문제라는 것은 이러한 이유에서다.

진화론은 성경을 부정하는 무신론 혹은 유물론이라는 이유로 계속 미움을 샀다. 실제로 18세기 프랑스의 진화론자들의 배후에는 그 시대의 유물론적 사상이 깔려 있었

주1) 존 머레이 출판사의 보급판 페이지를 나타낸다. 이것은 결정판인 제6판(1872년)이며, 초판과는 다른 부분이 있다. 오늘날 읽히는 것은 보통은 이 제6판이지만, 나는 초판을 번역하여 이후 판과 대조한 내용을 첨가했다(이와나미문고).

다. 그러나 이 유물론이 자연과학의 영역에서도 기초를 마련하고 있는 것을 더욱 거슬러 올라가면 우리는 뉴턴적 자연관에 도달한다.

창세기 기록의 권위는 생물학보다도 먼저 지질학에서 중대한 문제가 되었다. 이것과 또한 그 이유도 이미 말한 바 있다. 갈릴레오나 뉴턴의 역학은 중세기적 신학의 권위를 땅에 떨어뜨렸다. 다윈이 학문 세계에 발을 들인 시대에는 과학에 대한 신학의 새로운 양보가 시작되어 있었다.

진화론에서는 진화를 사실로써 입증하는 것이 필요하지만, 진화의 원인을 확실히 하는 것도 중요한 문제다. 그것에 따라 사실에 설명을 부여한다면 그것이 더욱 유력한 증명이 된다. 실은 진화를 증명하는 사실과 진화의 원인에 대한 학설은 거의 분리할 수가 없다.

라마르크는 최하등의 미소한 생물이 지구상에 끊임없이 자연 발생하여, 그것이 최초에 가지고 있던 가능성에 의해 복잡한 생물로 발달한다(전진적 발달)고 생각했다. 그러나 그것만으로는 지구상의 다종다양한 생명의 모습을 완벽히 설명하는 것이 곤란했기에 습성에 의해 발생한 변화와 자연의 직접적 작용으로 생겨난 변화가 유전한다는 보조적 가설을 세웠다. 그는 그때 생물(주로 동물)의 '의지'라든가 '요구'라는 말을 사용했기에 그 설이 후세 사람들에게 큰 오해를 받았다. 그러나 그의 자연발생설이 명백한 오류이며, 또한 그의 학설의 전체 특히 전진적 발달설에 데카르트나 라이프니츠 유파의 17세기적 대체계철학의 잔존물이 얽혀 있는 것도 부정할 수 없다.

그렇다면 우리는 여기에서 다윈이 종의 기원 연구에 착수했을 때 그에게 도움이 된 생물학사상의 위치와 그가 그 위치에서 해야 했던 일을 정리해보자.

(1) 진화론에 대한 신학의 반감은 매우 강하지만 양보의 여지는 충분히 있다. 학자나 일반 민중도 무리가 없는 설명이 제출된다면 납득할 것이다.

(2) 라마르크처럼 연역적 방법을 이용해 대체계적이어서는 안 된다. 귀납적 방법을 이용해 충분한 사실로 증명하고 진화의 원인에 완전한 설명을 부여할 필요가 있다(주2).

(3) 사실적 입증도 원인 설명도 생물학과 인접 과학의 넓은

주2) 실제로는 다윈은 자연선택의 원리를 근간에 둔 큰 연역체계를 구성하고 있다. 뉴턴이 물리학에서 귀납과 실험을 강조하면서 공리적 연역체계를 만들어낸 것과 닮았다.

영역에 기초를 두고 동시에 그것들을 포괄해야 한다. 19세기에 들어서면서부터 과학의 새로운 진보도 남김없이 적용되어야 한다. 더욱이 진화론의 확립으로 생물학의 새로운 발달의 기초가 얻어지는 것을 분명히 해야 한다.

다윈 자신은 이것들에 더해 더욱 다음을 생각했다.

(1) 불변설, 즉 창조설의 최대의 거점은 모든 생물이 나타내는 환경에 대한 정교한 적응이다. 적응이 자연적 원인으로 발생한 것을 설명하는 것이 무엇보다도 필요하다.

(2) 현재 과학의 지식으로는 미치지 않는 문제, 다시 말해 아직 충분히 귀납적인 취급을 할 수 없는 문제는 언급하지 않는 편이 안전하다. 생명의 기원 문제가 이것이다.

(3) 인간의 기원 문제는 신학자와 민중에게 극도의 반감을 일으킬 우려가 있다. 그들은 진화론 전체에 대해 처음부터 등을 돌려버릴 것이다. 인간의 기원을 명백히 하는 것은 필요하고, 그 문제에 대한 자료와 고찰을 준비해둬야 하나, 그것을 발표하는 데는 세심한 주의를 기울여야 한다.

(4) 내 학설이 할아버지 이래즈머스나 라마르크의 '공상'과
　　 혼동되지 않도록 엄중히 경계해야 한다.

『종의 기원』이 출간된 것은 1859년이다. 그것에 이르기
까지의 사정을 이야기하는 것이 나의 지금의 목적이지만
이 책에 나타난 다윈의 학설의 개요를 먼저 설명해두는 것
이 독자의 이해를 위해 편리하리라 생각한다. 주지하는
바와 같이 다윈설의 중심은 자연선택설이다.

　(1) 가축이나 재배 식물의 품종은 인위도태에 의해 개량된
　　 다. 인간은 동식물이 나타내는 개체적 변이 중에서 자신
　　 의 목적에 맞는 것을 골라내서(선택해서) 자손을 만든다. 변
　　 이는 유전하지 않는 것도 있으나 대부분이 유전적이다.
　　 인간의 목적이 이뤄지지 않는 한 하나의 방향으로 도태가
　　 이어져서 변이가 축적되고, 점차 품종의 변화가 생겨난
　　 다. 인간이 의식하지 않고 도태해가는 경우도 있다.
　(2) 자연계에서는 치열한 생존경쟁이 벌어지고 있다. 환경의
　　 생리적 조건과의 투쟁, 종과 종 사이의 투쟁도 있지만 같
　　 은 종 안의 변종이나 개체 간의 투쟁(내지는 경쟁)이 가장 격

렬하다. 동일한 생존 조건을 요구하기 때문이다. 이러한 종 내의 생존경쟁은 동식물 중 어떤 종도 매우 다산하며, 생존하여 자손을 남길 수 있는 개체 수보다 훨씬 많은 개체가 태어나는 점에서 일어난다. 이 생존경쟁에서 승리하여 생존하는 것은 가장 유리한 변이를 지니는 개체이다(적자생존). 이러한 변이의 도태가 이어짐에 따라 종의 변화가 일어난다. 이것이 자연선택이다.

(3) 변이는 사육재배의 조건하에서 자연계에 있는 것보다 더 많이 일어난다. 변이의 성질은 환경의 성질보다 생물 자신의 성질에 의해 정해지는 부분이 크다. 불꽃의 성질이 점화하는 것보다 점화당하는 물체의 성질에 힘입은 바가 큰 것과 마찬가지다(주3).

(4) 그러나 습성의 작용으로 생겨난 변화와 환경의 물리적 조건의 직접 작용에서 기인한 변화의 유전도 일어난다(다윈은 그렇게 부르지 않았지만 일반적으로는 라마르크의 이요인이라고 한다).

(5) 변종은 어린 종이다. 변화가 진행되면 그것은 독립된 종이 되고 나아가 변화가 이어지면 점차 원래 종 혹은 앞으로 변화하여 일어날 다른 종과 속, 과, 목의 차를 발생시키

주3) '불꽃의 성질'에는 『종의 기원』 후판에 쓰여 있는 것이며, 초판 당시 다윈의 생각은 조금 달랐던 것으로 보인다.

게 된다.

(6) 생활에 유리한, 다시 말하자면 적응한 변이가 집적되어 가기 때문에, 생물은 점점 환경에 적응하게 된다.

(7) 이 학설에 의해 고생물학, 생물지리학, 분류학, 형태학(가령 흔적기관의 존재나 기관의 상동), 발생학 등에서 알려진 모든 사실이 설명된다.

"환경조건의 작용도 생물의 의지(특히 생물의 경우에 있어서)도, 가령 딱따구리나 청개구리가 나무에 오르거나, 종자가 갈고리나 깃털로 확산되거나 하는, 어떤 종류의 생물이 생활의 습성에 대해 훌륭히 적응하는 무수한 경우를 설명할 수 없는 것이 [종의 변화 사실과] 마찬가지로 명확했다. 나는 언제나 이러한 적응에 강하게 경탄했다. 그래서 이러한 적응이 설명되기까지는 종이 변화한 것이라는 사실을 간접 증거로 증명하려 하더라도, 거의 허사라고 생각되었다."(자서전)

앞에서도 말했듯, 적응에 대한 설명이 다윈이 처음부터 품었던 제일의 목적이었다.

최초의 노트는 1837년 7월에 열려, 그 15개월 후에 맬서스의 『인구론』을 읽었다. 앞서 인용한 자서전의 문장 (121~122쪽)에 의하면 다윈은 이미 귀국 직후부터 사육재배하에 놓이는 동식물의 변이에 주목했다.

대체 이 주목은 언제 어떠한 기연으로 생겨난 것일까. 항해 중이든지, 아니면 귀국한 이후 10개월 안이었을까. 『비글호 항해기』에는 개, 말, 소 등에 관해 야생의 것과 사육당한 것 사이에 존재하는 차이에 다윈이 주목했다고 생각되는 지점이 어느 정도는 있다. 그러나 그가 가축의 변이에 그렇게 주목했다고는 생각할 수 없다.

다윈의 아들 프랜시스Francis가 펴낸 『찰스 다윈의 생애와 편지Life and Letters of Charles Darwin』 제2권에 1837년 7월부터 이듬해 2월까지 사이에 쓰인 노트에서 뽑은 발췌문이 실려 있다. 노트 자체가 『종의 기원』 집필에 이용하기 위한 것이었던 듯하지만, 찢겨 있는 데다 그로부터의 발췌이기도 하므로 자세한 것은 알 수 없지만, 여기에는 사육재배하의 동식물의 변이에 관한 기록은 거의 보이지 않는다. 다만 종의 변화의 중간형 결여에 관련하여 "반대자는 말하리라—그것들[중간형] 보이라고. 나는 답하리라,

만약 당신이 불도그와 그레이하운드 사이의 모든 단계를 보여준다면 나도 보여주겠다"고 하는 말이 있으며, 프랜시스는 이것을 가지고 다윈이 이미 가축에 대해 생각한 증거로 보고 있다. 그러나 이것만큼은 다윈이 특별히 가축의 변이에 주목했다는 증명으로는 부족하다.

다윈은 『인구론』을 읽고 생존경쟁을 깨닫고 이러한 사정하에서 유리한 변이의 보존과 불리한 변이의 멸망이 일어나는 것을 이해했다고 말했다. 그것에 관해서는 나중에 논하겠지만 유리한 변이가 보존되고 불리한 변이가 멸망된다는 현상 그 자체에 관해서는 앞서 말한 노트에 메모가 있다. "절멸에 대해 말하자면 타조의 한 변종이 잘 적응하지 못한다면 멸망해버리리라는 것을 금세 알 수 있다. 혹은 한편으로 오르페우스[갈라파고스제도의 새를 가리킨다고 생각된다]처럼 가장 적절한 것이라면 다수의 것이 생겨날 것이다. "[주4]

그렇다면 다음으로 다윈이 『인구론An Essay on the Prin-

주4) 맬서스 『인구론』은 자연계의 조화에 관한 일반적 개념(신앙으로 통하는)을 뒤흔드는 것이었다. 생존경쟁 개념은 그곳에서 출발했을 수 있으나 다윈은 맨 처음에는 '완전한 적응' 개념을 가지고 1850년대부터 '상대적 적응' 개념으로 바뀐 것이 지적되고 있다(D. Ospovat, The Development of Darwin's Theory, 1981). 또한 다윈은 '생존경쟁' 개념을 struggle for existence 및 str. f. life라고 두 가지 방식으로 표현했다.

ciple of Population』에서 무엇을 취했는지, 그가 자서전에서 말하는 대로인지 아닌지를 보기 위해서 이 책을 읽어나가 보자. 저자인 맬서스Thomas Robert Malthus(1766~1834)는 18세기 말부터 19세기 전반에 걸쳐 활동한 영국의 경제학자다.『인구론』제1판은 1798년에 간행된 후 개정판을 거듭하여 1826년에 제6판이 나왔다. 이것이 최종판이다. 다윈이 읽은 것은 아마도 이 판이리라.

맬서스는 사회에 빈곤이 발생하는 원인을 인구 증가와 식량 부족의 비율이 맞지 않기 때문이라고 했다. 인구는 기하급수적으로 늘어나지만 식량은 겨우 산술급수적으로만 늘 뿐이다. 사회에 빈곤과 범죄가 늘어나는 이유는 이 때문이다. 맬서스의 이 이론은 프랑스의 콩도르세와 영국의 고드윈이 프랑스 혁명 직후의 사상 조류를 대표하여 사회가 인간의 이성에 의해 완전한 것이 되리라고 말한 것에 대한 반대 논의였다. 오언의 이상주의에 대해서도 맬서스는 동의할 수 없었다. 맬서스는 사회의 빈곤과 죄악이 자연법칙에 근거하여 발생하는 불가해한 것이라는 사실을 증명하려 한 것이다. 더욱이 맬서스에 따르면 식량의 제한된 양에 대한 인구 과잉은 풍속의 퇴폐나 신체 조건의 열악화에 의한 출생률 저하, 영아 살해, 질병, 기아 및 전쟁에 의한 대량 사망에 의해 조절된다. 인간이 빈곤이나 이러한 악을 막으려고 생각한다면 인위적으로 출산을 억제해야만 한다. 빈곤자가 생활의 곤궁으로 허덕이는 것은 무제한으로 출산하는 그들 자신의 책임이다.

『인구론』제1편은 세계에서 문화가 열악한 지방과 과거 시대에서의 인구 상태에 대해 논의를 펼치고 있다. 그 서술은 티에라델푸고의 주민에서 시작해 뉴질랜드의 원주민이나 아메리칸 인디언의 생활이 상세히 묘사되어 있다. 쿠크 선장의 세계 일주 기록, 그 외 탐험가들의 견문 기록이 풍부하게 소개되어 있다. 과거 그러한 땅을 돌며 원주민의 생활을 실제로 봤던 다윈은 분명 매우 흥미를 가지고 그런 부분을 읽었을 것이다.

다만 우리가 『인구론』을 일독한 인상으로는 맬서스는 '생존경쟁'이라는 말을 거의 사용하지 않았을 뿐 아니라 개인 간의 생존경쟁을 특별히 주목해서 다루지는 않았다는 것을 깨닫는 것이다(민족 간 경쟁은 다루고 있다). 나아가 이 경쟁에서 개인 우성이 살아남고 열성이 사라진다는 점은 강조되어 있지 않다. 오히려 그것을 낮게 평가하는 것으로조차 보인다. "가령 쇼트 박사는 일단 심각하게 치명적인 전염병이 덮치면 그 때문에 노쇠한, 혹은 쇠약한 체질 대부분이 일소되고, 그 결과 다음 시기에는 대체로 건강 상태 이상이 나타난다고 한다. 그러나 이 밖에도 주택이나 식량에 여유가 생기고 그 결과 하층 계급의 상태가 개선되는 것에도 또한 크게 이바지하는 것으로 보인다."(410 쪽), [주5]

『인구론』을 읽고 우리가 깨닫는 또 하나의 사실은 이 책 속에 당시의 영국 농업에서 실시되던 인위도태법에 대해 기술되어 있다는 점이다. 다만, 그것은 인간 그 자체를 완성시킨다는 이상이 성립할 수 없다는 것을 증명하기 위한 것이며, 맬서스는 인위도태의 방법으로 동식물을 무한히 변화시킬 수는 없다고 말했다.

"들은 바에 의하면 일부 가축 개량가들 사이에서는 아무리 좋은 품종이라도 원하는 대로 얻을 수 있는 것이 공리가 되어 있다고 한다. 이 공리는 자식 중 하나가 부모의 좋은 성질을 더욱 큰 정도로 갖추고 있다는, 또 하나의 공

주5) 데라오 다쿠마寺尾琢磨 씨의 역서 페이지. 이 역서는 제6판을 번역한 것이다. 번역문은 본서의 다른 문장과 맞도록 변경했다. 역자의 양해를 바란다.

리 위에 서 있는 것이다. 유명한 레스터서종인 양 사육에 있어서 작은 머리와 짧은 다리를 가진 양을 얻는 것이 목적이다. 이들 사육 공리에 따라 진행한다면 결국은 머리와 다리가 거의 없어지는 지경까지 갈 수 있을 테다. 그러나 이는 명백히 불합리하므로 우리는 이 전제가 정당하지 않다는 것, 설사 보지 못하고 또한 그 소재를 말로 표현하지 못한다 해도 사실상 한도가 있다는 것을 확인할 수 있다."(429쪽). [주6]

빈곤이 발생하는 것은 자연의 법칙이며 생활에 허덕이는 것은 빈곤자 자신의 책임이라는 맬서스의 이론은 부르주아에게 유리한 것이었다. 그러나 그것이 당시의 진보적 부르주아의 생각과 완전히 일치했다고는 할 수 없다. 또한 산업자본가의, 바꿔 말하자면 휘그의 원칙 그 자체였다고도 할 수 없을 듯하다. 맬서스의 이론에는 당시 지주 계급의 사상이 꽤 들어 있기 때문이다.

다윈의 자연선택설은 산업자본주의의 시대에서 근본이

주6) 페이지에 관해서는 주5와 마찬가지. 나는 다니구치 요시히코谷口吉彦 씨가 번역한 제1판 역서를 참조했다. 제1판은 전체 분량이 조금 적은 까닭도 있어서 품종 개량에 대한 기록이 제6판보다 더 눈에 띈다.

념이었던 자유경쟁주의의 반영이며, 또한 바로 그렇기에 발표되자마자 곧바로 열광적으로 환영받은 것이다. 다윈이 자설의 근본이념 전부를 맬서스에게서 직접 얻었는지에 관해 나는 어느 정도 의문을 가지지 않을 수 없다. 한정된 생활 조건(식량이나 토지 등)이 과잉 인구를 부양할 수 없다는 것, 그때는 생활이 무척 힘들어진다는 것, 그런 것들을 다윈은 『인구론』을 읽고 깨달았으리라. 그리고 동식물의 그 어떤 종도 예외 없이 다산이라는 것이 그것과 연관된다고 생각되었으리라. 그러나 우리가 그렇기에 다윈은 금세 우승열패의 결론에 도달했다고 한다면 그것은 논의의 비약이다. 사실로서는 다윈의 결론은 곧바로 그것에 도달했는지는 몰라도, 그곳에는 다윈을 그렇게 만든 하나의 필연성이 개입되어 있었다. 우리는 다윈의 생존경쟁 사상에는 맬서스보다 더욱 명확한 휘그의 원칙이 나타나 있다는 사실은 인정해야 한다. 왜냐하면 그곳에는 자유경쟁—우승열패—진보라는 한 계열의 사상이 표명되어 있기 때문이다. 다윈의 생존경쟁 사상에는 맬서스에게서 직접 받은 것이 아니라 그의 시대 사회와 그의 사상적 입장을 직접 반영하는 것이 포함되어 있다고 나는 생각한다.

참고로 말하자면 생존경쟁이라는 말은 반드시 다윈에게
같은 의미는 아니었지만 이전부터 쓰이고 있었고 『지질학
원리』에도 등장한다. 적자생존이라는 말은 1864년에 스펜
서Herbert Spencer(1820~1903, 영국의 철학자이자 진화 사상가. 사회
진화론의 창시자다.-역자 주)가 처음 사용했다.

빈곤의 원인에 대해 다윈이 어떻게 생각했느냐 하는 것
은 흥미가 가는 대목이지만 다윈은 칠레 농부의 빈곤을 봉
건적 제도에 의해 발생한 것이라고 생각했다. "농부의 상
태는 [광부보다] 훨씬 좋지 않다. 임금도 낮고 거의 콩만
먹는다. 이 빈곤은 주로 토지 경작의 봉건적 제도에 의한
것임이 틀림없다."(『비글호 항해기』, 261~262쪽)

농업에서 나타나는 인위도태에 대한 다윈의 주목이 언
제 어떻게 발생했는지 하는 문제는 잠시 의문으로 남겨두
어야 할 것 같다. 산업자본주의의 발전의 일환으로서 영
국의 농업은 발전을 거듭했고 품종 개량 사업도 앞서 있었
다. 이 품종 개량을 위해 인구를 도태시키는 방법이 실제
로 채용되었던 것이다. 다윈이 그것을 깨달을 기회는 아
마도 많았으리라. 최초의 노트 발췌에 이것에 관한 기록
이 없었다고 해도 그 시절에 이미 주목하지 않았다고 할

수는 없고, 한편 『인구론』의 소수의 기록이 계기가 되었다고 단정할 수도 없다. 다만 어느 쪽이든 다윈의 학설이 당시 영국의 농업 발달을 배경으로 두었다는 점에 대해서는 의심의 여지가 없다.

4. 종의 기원 2 - 다윈을 둘러싼 학자들

"지난 2년간[1836년 10월부터 1839년 1월까지], 나는 종교에 대해 많은 깨달음을 얻었다. 비글호를 타고 항해하는 동안 나는 완전히 정통 신앙을 갖고 있었다. … 그러나, 이 시기, 즉 1836년부터 1839년에 이르는 동안 나는 구약성서가 힌두의 성전 이상으로 신뢰할 수 있는 것이 아니라는 사실을 점차 깨달았다. 불변의 자연법칙을 알면 알수록 기적은 믿을 수 없게 되기 마련이다. 따라서 나는 신의 계시로서의 기독교를 점차 믿지 않게 되었다, 그러나 신앙을 버리는 것은 나로서는 전혀 바라던 바가 아니었다. 분명히 그랬다고 생각한다. 왜냐하면 나는 훌륭한 로마인들의 오래된 서신이나 폼페이 등에서 발견되는 문서가 복음서에 쓰여 있는 모든 것을 확증하여 경탄을 금치 못하게 하는 몽상에 빠졌던 사실을 잘 기억하고 있기 때문이다. 다만 아무리 내 멋대로 마음 가는 대로 이리저리 공상해 보아도 나를 납득시킬 만한 증명을 만들어내는 것이 점점 곤란해지기만 한다는 것을 나는 알았다. 이렇게, 불신앙이 매우 느린 속도이기는 했지만 결국 완전히 나를 억눌렀다. 그 속도는 내가 아무런 고민도 할 겨를이 없을 정도로 느렸다."(자서전)

다윈은 만년에 종교에 대해서도 정치적 견해에 대해서도 꽤 애매모호한 태도를 보였다. 그 시대에 쓰인 자서전의 글, 특히 종교에 관한 부분이 그의 젊은 시절의 사실을 전하고 있는가에 대해 우리는 세심한 주의를 기울여야 한다. 그러나 방금 인용한 문장에서 보이듯, 귀국해서 결혼하기까지의 사이에 즉 서른 살이 되기 직전에 그가 완전한 불신앙에 도달했다는 사실은 믿어도 좋을 듯하다. 이것은 생물 진화의 신념이 그의 가슴속에 흔들림 없이 자리 잡았다는 것을 나타내며, 또한 학설의 기초도 거의 완성되었으리라는 것을 추측하게 한다.

1844년에 쓴 개요는 장 나눔까지 15년 후의『종의 기원』

과 꼭 들어맞는다. 앞서 말했듯이 다윈은 형질이 나뉘는 것(분기)을 이해보다 이후에 깨달았다고 말한다. 혹은 그랬을지도 모른다. 그러나 그것은 그가 적응에 대해 설명하는 데 마음을 빼앗기고 있어서 형질 분기를 명확히 의식하지 않았을 뿐이라는 사실을 드러내는 것이리라. 개요 속에 학설 전반의 필연적인 결론으로서 형질 분기의 의미를 짐작할 수 있기 때문이다. 다윈이 일시를 잘못 기록했을 수도 있다. 하지만 어느 쪽이든 다윈 학설이 성립하는 데 이것이 대단한 문제는 아니다. 한편 이 개요의 2년 전에 쓰인 메모에도 학설의 요점이 모두 들어 있다. 그러므로 1842년에는 학설의 기초를 완성했다는 것이 확실하다.

1844년 7월 5일 날짜로 부인에게 쓴 편지가 있다. 이것은 일종의 유서이기도 해서, 개요가 자신의 갑작스러운 죽음을 대비해 쓰였다는 것을 나타낸다.

"나는 지금 종의 학설 개요 쓰기를 마쳤다. 만약 내 학설이 설사 단 한 사람의 유능한 판정자에 의해서라도 인정받는 날이 온다면—나는 그것을 믿고 있다— 그것은 과학의 큰 도약이 되리라. 따라서 나는 내가 불의의 죽음을 맞

이하는 경우에 대비하여 가장 엄숙한, 최후의 바람으로서 이것을 쓰고 있다. 법률적 절차를 밟은 유서와 마찬가지로 생각해주기 바란다…."

편지에는 유작의 출판 비용으로서 400파운드를 지출해야 한다는 것, 필요하다면 100파운드를 추가할 것, 부인에게 혹은 부인과 그 형제인 헨슬리 웨지우드와 애써주었으면 한다는 것, 개요를 수정하고 보충하여 완전한 책으로 편집하기 위해 적당한 학자를 의뢰하는 수단, 문헌 외의 자료 처리 등 자잘한 부분까지 세세하게 쓰여 있다. 그렇다면 어떤 학자에게 편집을 맡기면 좋은가. 그 건에 대해서는 다음과 같이 쓰여 있다. "만약 라이엘 씨가 받아들여준다면 가장 좋을 것 같다. 나는 이 일이 그에게 재미를 느끼게 하고 그에게는 새로운 몇 가지 사실도 깨닫게 해주리라고 믿는다. 편집자는 박물학자이자 지질학자여야만 하기 때문에 다음으로 적당한 인물은 런던의 포브스 교수이리라. 그다음의 적임자(어떤 점에서는 최적임자지만)는 헨슬로 교수님이리라. 후커 박사도 매우 좋다. 그다음으로 스트릭랜드Hugh Strickland 씨다. (오언 교수도 매우 좋을 테지만 그는 이러한 일을 맡지는 않을 것 같다.) 만약 이들 중 아무도 맡으려 하지 않는다면 라이엘 씨나 혹은 지질학자이자 동시에 박물학자이며 심지어 편집자의 능력도 지니는 누군가 다른 사람과 의논하여 당신이 해주었으면 한다." 이 인용문 안의 괄호로 묶은 부분은 다윈이 한번 썼다가 지운 부분인데 학자들에 대한 그의 평가를 확실히 하기 위해 다시 살려 게재했다.

이 편지에는 수년 후로 추정되는 추가 내용이 있다. 거기에는 "라이엘이 특히 후커의 도움을 받아(또한 누군가 좋은 동물학자의 도움을 받아) 해준다면 가장 좋다"는 말이 있다. 다윈이 드디어 종의 문제에 본격적으로 착수하기로 결심한 1854년 8월에 또 한 문장이 추가되었다. "종에 관한 내 책의 편집자로서 후커는 그 누구보다도 훌륭한 최고의 적임자다."

후커에 대한 다윈의 신뢰가 점차 강해졌다는 것을 이것을 통해서도 알 수 있다. 만각류나 그 외 연구를 하면서 종의 문제에 대한 자료를 수집하고 정리하는 것이 쉼 없이 계속되었다. 다윈은 해외에 대한 질문장을 발송하고 또한 그 해답을 받는 것에 대한 특별한 편의를 정부에게 얻을 수 있었다. 이렇게 얻은 자료를 정리하고 학설의 체계를 정리해가는 데 후커의 식물학적 지식이 도움이 되었을 뿐 아니라 다윈은 후커를 자신의 학설의 비판자로서 받아들였던 것이다. 자신의 생각에 이론을 제기하게 하고 그것에 어떻게 대답할지, 대답할 수 있을지 등의 문제를 자세히 검토해가는 것이 다윈이 학문하는 방법 중 하나의 특징이다. 『종의 기원』도 초판이 출간된 후 그것에 대해 제기된 이론을 다음 판에서 계속 검토하여 자신의 학설의 기초를 더욱 굳게 하는 데 활용했다. 종교에 대한 그의 마음속 의혹이 생겨났을 때도 그 해결에 같은 방법을 취했으리라 생각한다. 다윈의 신중하고 견고한 태도를, 혹자는 답답하게 느끼고, 혹자는 철저하지 못하다고 비난하는 사람도 많다. 그러나 그의 신중함의 적극적인 면을 못 보고 놓친다면 그의 인격도, 학설도 이러한 의의도 이해받지 못할 것이다.

"… 나는 막대한 수에 이르는 농업 및 원예 관련 서적을 읽고 쉬지 않고 사실 수집을 계속했습니다. 드디어 광명이 비쳤습니다. 나는(내 최초의 의견과는 완전히 반대로) 좋은 불변하지 않는다는 것(그것은 살인 고백과도 같은 것입니다)을 거의 확신하게 되었습니다. '전진에 대한 경향'이라든가 '동물의 위태위태한 의지에 의해 일어나는 적응'이라는 라마르크의 실없는 소리와 같은 취급을 당하고 싶지 않습니다. 그러나 내가 도달한 결론은 라마르크의 것과 그다지 다르지는 않습니다. 다만 변화의 방도는 전혀 다릅니다. 나는 내가 종을 각각의 목적에 대해 정교하고 세밀하게 적응하도록 만든 단순한 방법을 발견했다고 (외람되지만) 생각합니다….."(1844년 1월 11일, 후커에게 보낸 편지)

다윈이 라마르크와 혼동되는 것을 두려워했다는 것을 앞에서도 말했지만 그것이 이 편지에도 잘 드러나 있다. 같은 혼동의 위험을 다윈은 『생물 자연사의 흔적』에서도 느꼈다. 이 책은 신학의 분장을 하고 진화 사상을 지닌 것이었는데, 이 분장을 위해 논의의 불합리와 비약이 심하게 두드러졌다. 그뿐 아니라 기초가 되는 지질학과 동물학 지식에 수많은 결함이 있었다. 그럼에도 불구하고 이 책이 10년 동안 10판을 거듭한 것은 일반 민중이 진화론의 출현을 기대했다는 사실을 방증한다. 다윈도 『종의 기원』

에서 이 책이 민중을 올바른 진화론의 출현에 대해 준비시킨 공적을 인정한다. 과학이 불합리의 독단을 고집할 때 민중이 한 발 앞서 공정한 학설을 가슴속에 예감하는 일은 어느 시대에나 있었던 일이다.

그러나 다윈은 『생물 자연사의 흔적』에 대한 민중의 환영이 진화론에 대한 대망의 목소리의 표현이라는 사실을 그저 기쁜 마음으로 바라볼 수만은 없었다. 한편으로 미래에 발표될 자신의 학설이 이러한 비과학과 혼동되는 것을 두려워했다. 만약 그렇게 된다면 그저 한때는 유행하더라도 긴 생명을 유지하는 학설은 되지 못할지도 모른다.

다윈 자신이 이 익명의 책의 저자라고까지 생각할 정도였지만, 그의 경계심이 강해진 것은 당연하다. 다윈의 지금까지의 저작이나 또한 그가 자료의 수집을 한다는 사실, 그가 종의 문제에 대해 연구한다는 것은 암묵적이기는 하나 이미 사람들에게 알려져 있었다. 『비글호 항해기』에조차 종의 기원에 관한 다윈의 사상이 넌지시 들어 있다는 사실은 우리가 본 대로다.

"내 유일한 위로는 내가 박물학의 몇 가지 분과에 손을 대어 지질학에 대해서도 어느 정도 알고 있다는(이것은 빠뜨릴 수 없는 결합이지만) 것입니다. 수고한 보람 없이 끝난다고 해도 생명이 있는 한 나는 이 일을 할 것입니다. 라마르크는 내가 아는 범위에서 적어도 무척추동물계에서 종의 정확한 기재를 했고, 종의 불변성을 믿지 않은 유일한 사람입니다. 하지만 그는 어리석지만 약삭빠른 저자들 사이에서 문제에 장애를 부여하고 말았습니다. 『생물 자연사의 흔적』을 쓴 이도 마찬가지입니다. 그리고(동일한 사색에 종사하는 기존의 변변치 못한 박물학자는 아마도 이렇게 말하겠지만) '다윈 씨도 마찬가지'일 것입니다."(후커에게 보낸 편지, 1850년 전후)

이러한 연유로『생물 자연사의 흔적』은 다윈이 더욱 신중하고 견실한 과학의 길을 걷게 하는 동기가 되었다.

1854년 9월부터 그동안 모은 자료 정리, 새로운 관찰과 실험을 시작했다. 다만 다윈이 말하는 '실험'은 오늘날 우리가 생각하는 복잡한 것이 아니라 관찰의 영역을 멀리하지 않는 것이다. 다윈은 이 무렵 비둘기의 변이에 대해 알기 위해 같은 관심을 갖고 있는 사람들의 모임에 가입하기도 했다.

1855년에 다윈은 미국의 식물학자, 하버드대학의 아사 그레이Asa Gray(1810~1888)와 서신을 교환했다. 미국의 식물학에 대해 알 필요가 있었고, 자신의 미래의 편을 미국에 만들어둘 필요를 느꼈기 때문이라고 생각된다. 서신은 후커의 소개로 시작되었으나 훨씬 전에 그레이가 영국에 왔을 때 다윈은 그를 만났다. 그것은 다윈의 결혼 직전이었다.

1856년 초경, 라이엘과 후커는 다윈에게 빨리 책을 쓰라고 열심히 설득했다. 이미 진화 사상이 암묵적으로 보급되어 있었고, 다윈이 종의 기원에 대해 연구하고 있다는 사실도 널리 알려지고 말았다. 누군가 선수를 치는 사람이 나오기 전에 발표하는 편이 좋다. 진화론에는 찬성하지 않았던 라이엘도 다윈이 애써온 것이 허사가 되는 것을 걱정하며 그에게 진심으로 권고했다. 다윈은 그들의 권고를 듣고 드디어 저작을 결심했다. 그가 계획한 저작은 나중에 출간된 『종의 기원』의 서너 배는 되는 분량이었다. 그래도 그가 모인 다수의 자료에 비교하면 고작 발췌본에 불과했다. 1858년 초여름까지 약 2년 동안 거의 절반의 원고가 완성되었다.

그 후의 이야기는 이미 널리 알려져 있다. 6월 18일에 다윈은 멀리 동인도제도 테르나테섬에서 온 한 통의 편지를 받았다. 보낸 이는 앨프리드 러셀 월리스Alfred Russel Wallace(1823~1913)였다.

월리스는 브리스틀해협에서 가까운 우스크에서 태어났다. 1848년 25세의 나이로 친구인 베이츠H. W. Bates(1825~1892)와 브라질로 떠났고 4년간 동식물 채집과 관찰을 했다. 그가 그때까지 맬서스의 『인구론』, 『생물 자연사의 흔적』, 훔볼트의 『남미 여행기』, 다윈의 『비글호 항해기』를 읽었다는 사실은 우리의 흥미를 자극한다. 그의 여행도 그러한 책에 큰 자극을 받은 결과라 할 수 있다. 그 무렵 이미 그는 종의 기원 문제에 흥미를 느꼈다. 그는 이 문제 해결을 위해 하나의 과 전부의 종을 조사해보자고 생각하기도 했다. 다윈과 마찬가지로 원주민의 생활도 관찰했다. 귀국 도중 배에 불이 나 침몰했고 목숨은 건졌으나 표본은 바닷속으로 가라앉았다.

2년 후, 월리스는 동인도제도 탐험에 나섰다. 결국 8년이 걸린 여행이었지만 출발 직전에 런던에서 다윈과 잠깐 이었지만 만날 수 있었다. 『비글호 항해기』의 저자로서 만나기 전부터 존경하고 있었던 것이다.

1855년에 종에 대한 논문을 런던의 박물학 잡지에 보내 9월호에 논문이 게재되었다. '신종 출현을 지배하는 법칙에 대하여'라는 제목의 논문이었다. 동물학, 동물지리학, 고생물학의 사실에서 종의 변화를 인정해야 한다는 것을 주장한 논문이었는데 변화의 방도는 언급하지 않고 있다. 월리스는 이 논문에 대한 반향을 알고 싶어서 다윈에게 질문을 했다. 라이엘이 상찬했다는 답장을 다윈에게서 받고 월리스는 안심하고 이론의 완성을 위해 전념하기로 했다.

"나는 다윈 선생에게 편지를 받아서 무척 기쁘다. 그는 내 논문의 '거의 한마디 한마디'에 동의한다고 말해주었다. 그는 20년에 걸쳐 모은 자료에 의해 '종의 변종'에 대한 대작을 집필한다는 것이다. 그는 자연계에서 종의 기원과 변종의 기원 사이에 차별이 없다는 것을 증명해줄테니 나는 내 가설에 대해 쓸 필요가 없어질 것이다…."

1858년 1월 4일에 보르네오와 뉴기니 중간에 있는 암본 섬에서 조국의 베이츠에게 월리스는 이러한 편지를 보냈다. 3주 후에 그는 암본에서 북쪽으로 300마일 떨어진 테르나테에 도착했다. 그곳에서 열병에 걸렸다. 병상에서 월리스는 종의 문제를 아픈 머리로 생각했다. 그는 문득 12년도 전에 읽은 맬서스의 『인구론』을 떠올렸다. 맬서스에 따르면 질병, 사고, 전쟁, 기아 등으로 과잉 인구가 억제된다고 한다. 월리스는 그것이 동물의 경우에도 해당된다고 생각하게 되었다. "이것에 의해 일어나는 거대한 항상적인 파괴에 대해 막연하게 생각해보는 동안 하나의 의문이 문득 떠올랐다. '왜, 어떤 것은 사멸하고 어떤 것은 생존하는가.' 그 답은 전체에서 최적자가 생존한다는 것이 명백했다. … 그것에 대해 갑자기 하나의 생각이 내 머릿속에 번뜩였다. 이 혼자서 일어나는 과정에 의해 레이스는 필연적으로 개량되는 것이리라. 세대마다 열등한 것은 반드시 죽임당하고 우수한 것이 존속하는 즉 최적자 생존이 되기 때문이다." 월리스는 이 사상을 병을 무릅쓰고 논문으로 써서 다윈에게 보냈다. 그리고 편지에는 라이엘에게 보여주고 비평을 받아주십사 하고 썼다.

다윈은 월리스의 논문을 읽고 직격타를 입었다. 자신의 사상이 똑같이 그대로 용어까지 그대로 쓰여 있다는 사실을 깨달았기 때문이다. 1842년 메모의 초록을 만들었다 해도 이것보다 더 잘 만들어낼 수는 없으리라. 누군가에게 선수를 빼앗기리라는 라이엘의 걱정이 현실이 되었다. 그러나 문제를 부정하게 처리하는 것은 용납할 수 없었다.

다윈은 월리스의 논문에 자신의 편지를 더해서 라이엘에게 보냈고, 적당한 잡지에 게재해주어야 한다는 뜻을 썼다. 자신의 노력이 완전히 헛수고가 되었다는 생각이 들어서 다윈은 괴로웠다. 그는 심지어 자신의 저작을 발표하지 말아야 한다고 결심했고, 그것을 라이엘과 후커에게 알렸다.

월리스의 논문이 도착하고 열흘 후인 6월 28일에 막내인 찰스 워링이 한 살 반의 나이로 죽었다. 성홍열이었다. 이 아이는 선천적인 결함이 있었으므로 그 죽음은 다윈 일가에 슬프기만 한 일은 아니었지만, 다른 아이 한 명과 유모가 같은 병으로 자리보전을 하고 있었고, 더욱 전염될 위험도 있었다. 이러한 가정 내의 걱정거리가 겹쳐서 다윈의 마음은 더욱 무거웠다.

그러나 라이엘과 후커는 다윈의 지금까지의 고생을 헛되이 하고 싶지 않았다. 또한 그의 긴 세월의 연구가 알려지지 않고 묻혀버리는 것은 옳지 않은 일이라고 생각했다. 후커의 강한 설득으로 다윈은 전년에 그레이에게 쓰는 편지 초록과 1844년의 개요를 큐 왕립 식물원에 사는 후커에게 보냈다(6월 29일).

7월 1일 밤에 열린 린네 학회Linnean Society의 정례회에서 다윈의 1844년의 개요의 일부, 1857년에 그레이에게 보낸 편지, 월리스의 논문, 이 세 가지가 나란히 낭독되었다. 모두 라이엘과 후커의 배려에 의한 일이었다. 사정 설명은 라이엘이 했다. 후커는 라이엘의 '부하처럼' 행동했다. 나란히 앉은 학자들은 일이 어떻게 돌아가는지에는 흥분했으나 읽힌 글에 대해서는 거의 반응을 드러내지 않았다. 낭독이 끝나자 깊은 한숨이 들렸다. 그들이 이해할 수 없는, 혹은 이해해서는 안 되는 내용이었기 때문이다. 어떤 사람들은 적의를 숨기고 훗날을 도모했다.

후커는 월리스에게 편지를 써서 상황을 알렸다. 이 편지는 다윈의 손을 거쳐 월리스에 보내졌다. 월리스가 모든 사정을 양해하고 학설 수립의 공적이 다윈에게 있다는 사실을 인정한 태도는, 당시 및 후세의 학계에서 높이 평가되고 있다[주1].

월리스의 논문은 '종의 변종 형성의 경향과 자연선택에 의한 종과 변종의 영속성에 관하여'라는 제목이 달렸다. 그 내용은 수많은 점에서 분명 다윈설과의 일치를 보였지만 동식물의 변종에 대한 깊은 고찰이 결여되었다. 월리스는 자연선택만 언급했지만 다윈의 설은 더욱 넓다. 월리스가 자신의 설을 사실로 기초로 세우는 논문을 발표한 것은 1864년이었다. 월리스의 논문이 단독으로 발표되었다면 아마도 큰 반향을 일으키지는 못했으리라. 다윈의 정성 어린 문헌 조사에 의하면 1858년에 이르기까지 자연선택 사상 내지는 진화 사상이 단속적으로 나타나고 있다. 1831년에는 패트릭 매튜Patrick Matthew가 자연선택과 같은 생각을 말했다. 이것은 거의 묵살되었지만 월리스의 논문도 같은 운명에 처했을지도 모른다. 혹은 1852년에 발표된 스펜서의 진화론(다분히 라마르크적이다)처럼 형이상학적이라고 간주되었을지도 모른다. 스펜서로서도 축생이 실제로 보이는 사실을 다수 인용하기는 했다.

주1) 자연선택설의 발표를 둘러싼 다윈과 월리스의 관계에 관해서는 다양한 문제가 있다. 『한 생물학자의 사색과 편력』을 읽어보기 바란다.

다윈은 서둘러 자신의 학설 개요를 발표하는 것이 필요하다고 느꼈다. 처음에는 팸플릿 정도의 것을 생각했지만 그래서는 아무래도 다 쓰지 못하리라는 것을 깨달았다. 그래서 쓰기 시작한 책의 몇 분의 일 정도의 분량의 책으로 하기로 결정했다. 그래도 우리가 아는 대로 상당한 두께를 지니는 책『종의 기원』이 된 것이다.

7월 초순부터 다윈은 여행을 떠나 영국해협에 있는 와이트섬에 정착하여 그달 20일부터 집필을 시작했다. 가을에는 다운으로 돌아와 저술을 이어갔다. 모두 쓰는 데 14개월이 걸렸다. 그동안 건강이 심하게 악화되어 수치료를 받으러 가기도 했다. 교정이 나오자 부인이 그것을 도와 출판을 서둘렀다.

1859년 11월 24일, 『종의 기원』이 세상에 나온 기념할 만한 날이다. 출판을 받아들인 존 머레이 출판사는 그 성공을 의심했지만 저명한 학자인 저자에 대한 예의도 있어서 1,250부를 인쇄했다. 이것은 당일 완판되었다.

『자연선택에 의한 종의 기원에 관하여』, 즉 흔히 우리가 알고 있는 『종의 기원』이야말로 진화론 사상 최대의 공헌을 이룬 서적이다. 진화론은 이것에 의해 확립되었다. 이 책은 1872년까지 다섯 번 개정을 반복했다. 이후 이 최종 제6판이 보급되었는데 역사적 의의의 점에서 초판도 널리 읽히고 있다.

『종의 기원』에 모조리 쓰인 동식물의 변이에 관한 자료가 1868년에 『가축 및 재배식물의 변이』 2권으로 정리되었다. 품종 개량 학문인 육종학의 중요한 문헌이다.

1871년에 『인간의 기원과 성 선택』이 나왔다. 『종의 기원』에는 인간의 진화가 생략되었다. '인간의 기원과 역사에 대해 광명이 비칠 것이다'라는 한 문장이 쓰이는 데 그쳤다. 다윈은 귀국 후 얼마 지나지 않아 인간의 동물 기원에 대한 신념을 가지고 있었지만 헉슬리가 오언의 궤변으로 가득한 오설을 타파하고, 헤켈이 이 문제에 관한 책을 낸 후에야 비로소 『인간의 기원과 성 선택』을 쓴 것이다. 그러나 다윈의 논의에는 인간 사회와 생물계와의 혼동이 있으며, 인간을 단순한 동물로 보지 않는다는 등의 비판이 일부에서 일었다. 그러나 다윈의 실증 정신은 이 책에서도 흔들림이 없었다. 어느 쪽이든 위 세 저작이 이른바 다윈의 진화론 3부작이다.

지금껏 말한 대로 출판사는 『종의 기원』의 판매를 걱정했다. 다윈은 집필 문제에 대해 매우 신중한 태도를 보였다. 그런데 모든 부수가 당일에 완판되고 말았다. 이러한 일은 대체 무엇을 말해주는가?

1848년에 파리에서 2월 혁명이 일어났다. 수많은 혁명의 예가 나타내듯 이 혁명도 그 발단과 종말에는 차이가 있었다. 심지어, 일단 그것은 절대주의 권력에 대한 반항이며 유럽 다른 나라들에서 이 반항을 이끌어내는 자극으로 작용하기도 했다. 곧바로 이어서 독일에서 3월 혁명이 일어난 것이 그것을 증명한다. 영국의 부르주아·소시민 계급은 이 열정에 대해 공포를 느꼈다. 그들은 종교라는 껍데기 속에 깊이 틀어박혔다. 1850년대에 영국 사회의 사상 통제는 강고해지는 방향으로 향했다.

하지만 어떤 경우라도 역사 전진의 흐름이 반드시 어딘가에 있다. 그리고 어떤 경우에는 역사의 후퇴와 전진은 반드시 확실히 구별된 색을 띠지 않고 병행하며, 서로 뒤엉켜 존재한다. 『종의 기원』 출간에 대한 사정은 그것을 생각한다면 설명될 것이다. 『종의 기원』 사상이 책 속에 공공연하게 나타나기 이전에, 그것은 이미 사람들의 상식이 되어 있었다고 쓰여 있는 역사서도 있다.

5. 종의 기원 3-출간과 파문

『종의 기원』의 출간은 11월 24일이었지만, 몇 권 정도의 견본이 11일에 나왔다. 다윈은 그것들을 친한 학자들에게 나눠주었다. 옛 은사인 세지윅과 헨슬로, 미국의 그레이와 아가시에게도 보냈다. 각각의 학자에게 다윈은 한 통 한 통 다른 내용의 편지를 썼다. 답신과 비평이 오면 다시 또 답장을 보냈다. 그는 자신의 설을 학자들에게 이해받기 위해 수고를 마다하지 않고 정중한 편지를 계속해서 썼다.

18일에 생리학자인 카펜터William Benjamin Carpenter(1812~1885)가 마지막 장을 읽었을 뿐이지만, 하고 밝히면서 학설에 찬성한다는 의향을 전해왔다. 사흘 후에 식물학자인 왓슨Hewett Cottrell Watson(1812~1885)이 다윈의 예측과는 달리 자연선택설을 시인하는 태도를 보였다. 그리고 25일에 헉슬리의 비평이 도착했다. 그는 다윈설에 대한 감격을 언제나처럼 패기 넘치는 문장으로 전했다.

"짖고 떠드는 개들 말인데, 당신에게 도움이 되는 투지를 갖춘 친구들이 여럿 있다는 사실을 잊지 말기 바랍니다. 나는 발톱과 뿔을 갈며 기다리고 있습니다." 그러나 헉슬리는 다윈의 학설이 갖는 결함에 대해서도 가차 없었다. 책 몇 곳에 자신이 결함이라고 생각하는 부분을 그는 명확히 지적했다. 다만 그는 그러한 결함이 있다 해도 이 학설을 앞장서서 주창하고 보급하는 것이 생물학자로서의 급선무라고 믿었다.

헉슬리는 이전에 『생물 자연사의 흔적』을 읽었는데 그것이 과학으로서 매우 불완전하다는 것을 느꼈을 뿐이었다. 그는 런던대학의 로버트 그랜트를 만나서 그에게 진화론 이야기를 들은 적도 있었다. 1852년 이후 허버트 스펜서와도 만나며 그의 진화 사상에 대해 들었다. 그러나 헉슬리는 그들이 진정한 과학을 논하고 있다고는 생각되지 않았다. 그가 처음 다윈에게 종의 기원에 대한 설을 들었을 때도, 다윈이 그랜트나 스펜서와 마찬가지 이야기를 하고 있다고 생각했으리라. 그런 그가 『종의 기원』을 읽고 비로소 다윈설의 진가를 깨달았다. 그리고 왜 자신이 이 학설을 깨닫지 못했을까, 하며 안타까워했다.

후커는 얼마간 주저함을 남기면서도 곧바로 다윈의 편이 되어 이윽고 헉슬리와 함께 그를 위해 싸우는 가장 유력한 학자가 되었다. 라이엘은 우물쭈물했다. 그러나 점차 '개종'의 태도를 드러냈다.

이것과는 달리 세지윅은 정면에서 다윈에게 반대했다. 헨슬로도 찬성자는 될 수 없었다. 다만 그의 반대하는 태도는 세지윅과 비교하자면 훨씬 온화했다. 세지윅이나 헨슬로가 이러한 태도를 취하리라는 것은 다윈이 예상한 바였다. 그러나 예상과는 달리 허셸이 자연선택설을 '지리멸렬한 법칙'이라며 비평했을 때는 다윈은 다소 실망했다.

허셸이 다윈을 실망시킨 것은 12월 12일이었다. 그로부터 2주 후에 헉슬리의 서평이 런던타임스에 실렸다. 그것은 오늘날 우리가 읽으면 부드럽고, 배려하는 느낌으로 쓰였다는 느낌을 받는다. 그러나 당시 사정을 고려하자면 매우 대담한 신념의 표명이었다. 수많은 민중, 몇 사람의 유능한 특히 젊은 학자들, 그들이 이처럼 다윈의 새로운 학설에 공명을 나타내기 시작한 것은 이 학설이 이윽고 반드시 승리하리라는 것을 약속하는 것이었다. 그러나 그곳에 도달하기까지의 길은 험난할 것으로 예상되었다. 다윈의 무신론, 다윈의 유물론에 대한 반감과 비난이 일었다. 말할 필요도 없이 그것은 종교 세력이 중심을 이루었다.

인간의 기원을 정면으로 언급하지 않은 것은 다윈의 신중함 때문이었지만 적은 다윈이 그 베일 아래 무엇을 숨기고 있는지를 금세 간파했다. 비난의 정점은 이곳으로 집중되었다.

진화론이 가장 반감을 가져오는 부분은 그 역사를 통해서 볼 때 항상 인간의 기원 문제였다. 이것은 다윈의 경우만이 아니다. 인간이 원숭이에서 비롯되었다고 (틀림없이) 말하는 다윈을 '산산조각을 내주자'고 옥스퍼드의 주교인 윌버포스Samuel Wilberforce(1805~1873)는 호언했다. 오언이 그의 방패막이였다. 이미 에든버러리뷰에 오언이 실제 필자라고 생각되는 악의적인 익명의 비평이 게재되었다.

1860년 6월 28일부터 옥스퍼드에서 열린 영국 학술협회 총회에서 헉슬리가 인간 기원의 문제에 관해 윌버포스를 '박살 낸' 제1막 극은 진화론 역사상 유명한 일화다. 우리는 이 극이 헉슬리의 전기에서 쓰여야 한다고 생각하기에 여기에서 발걸음을 멈추지 말고 지나치기로 하자. 헉슬리는 스스로 말하는 '다윈의 불독'의 면모를 발휘했다. 그의 투지와 용기가 그 시대의 사람들에게 갈채를 받게 했고, 후세 사람들의 인상에도 새겨졌다. 그러나 우리는 이 논쟁에 관해 조사해가다 보면 헉슬리의 용기보다도 먼저 그의 과학의 정밀함에 우선 감탄하게 된다. 헉슬리의 실제 상대는 월버포스가 아니라 오언이었다. 설사 그것이 궤변이라 해도 일단 많은 지식을 가지고 있는 '권위자'에 대한 싸움이 얼마나 어려운지, 쉽게는 이해받지 못하는 법이다. 1863년에 나온 헉슬리의 저서 『자연에서의 인간의 위치Man's Place in Nature』는 인간 기원의 문제에 관한 최고의 고전이다. 같은 해 라이엘은 『인간의 유래Antiquity of Man』를 출간했다.

앞서 쓴 논쟁에서 헉슬리의, 다시 말하자면 다윈파의 승리는 다윈설의 지위를 이미 부동의 것으로 만들었다. 누구의 눈에도 앞으로 펼쳐질 일이 불 보듯 뻔했다.

1879년을 지날 무렵에는 거의 각국 학계에 진화론 세력이 흔들림 없이 정착했다. 진화의 사실을 의심하는 학자는 이미 소수가 되어 있었다. 외국에서는 독일의 학계에서 특히 그랬다. 뷔히너나 포크트 등 유물론자가 우선 다윈의 학설을 환영했다. 헤켈Ernst Haeckel(1834~1919)은 다윈과 라마르크, 괴테를 뒤섞었지만 어쨌든 자연선택설을 보급하고 진화론을 앞서서 주장하는 데 가장 공헌했다.

미국에서는 그레이가 다윈이 기대하는 아군이었다. 그

러나 그레이는 다윈 학설의 매우 충실한 신봉자였다고 할 수는 없다. 또한 그는 다윈설을 종교와 조화시키려고 하면서 이것이 종교의 교의와 일치한다고 강조하면서 주창했다. 이러한 경향은 다른 나라들에서도 나타났다. 그레이는 같은 하버드대학 내에서 아가시와 논쟁했다. 자연선택설은 꽤 늦기는 했지만 러시아에도, 일본에도 퍼져나갔다.

그러나 이미 1860년대부터 진화의 사실을 인정은 하지만 자연선택설을 대신하는 학설을 세우자는 움직임이 일어나 1870년대에는 더욱 강해졌다. 독일에서 특히 두드러졌다. 프랑스의 학계는 꽤 오래 진화에 무관심했지만 이것을 수용하는 듯한 태도를 보인 후에도 라마르크 학설의 부활을 꿈꾸는 이가 많았다. 그래도 대체로 다윈이 생존했을 때는 세계의 학계 전체로 봤을 때 자연선택설 세력이 가장 강했고 그 전성기였다고 할 수 있으리라. 그 이후 시대에는 다윈의 학설, 즉 자연선택설 세력은 쇠락했다. 그것에 관해서는 문제가 생물학사의 넓은 범위에 미치므로 여기에서는 다루지 않겠다.

다윈의 진화론은 두말할 필요도 없이 인간의 세계관에 큰 충격을 주었고, 그것을 변혁시켰다. 그러나 다윈의 진화론의 의의는 그것에만 있는 것이 아니다. 진화론의 확립으로 생물학은 낡은 자연철학의 속박에서 벗어나 사실을 난잡하게 모으기만 하는 단순한 실증주의의 경향에서도 탈피했다. 새로운 체계적인 생물학의 기초가 깔렸고, 그 모든 분과가 정리되어 새로운 분과가 탄생했다. 생물의 세계에도 엄연한 인과법칙이 지배한다는 사실이 확인되어 생물 현상에 물리, 화학적 방법을 적용한 실험적 연구를 할 가능성이 인식되었다. 실험생물학은 1890년경부터 급속한 발전을 이루었는데 다윈이 그 초석 중 하나를 깐 것이라 할 수 있다.

"나를 비판하는 사람들 중에는 '그는 좋은 관찰자이지만 추리력은 없다'고 말하는 이가 있었다. 나는 그것이 사실이 아니라고 생각한다. 『종의 기원』은 처음부터 끝까지 하나의 긴 논의이기는 하지만 유능한 사람들의 다수를 설득할 수 있었기 때문이다. 어느 정도 추리력 없이 이러한 것을 쓸 수 있는 이가 있을까. 나는 상당히 성공한 변호사와 의사가 가지고 있는 정도의 창의력도, 상식 혹은 판단력도 가지고 있다. 그러나 그것들이 높은 정도의 것이라

고는 생각지 않는다."(자서전), (주1)

　"아버지[다윈]는 적극적인 이론가가 아니라면 좋은 관찰자가 되지 못한다는 말을 자주 했다. 나는 앞서 아버지가 예외를 파악하는 본능을 가졌다고 말했다. 그것은 마치, 조금이라도 흔들리면 언제든 흘러나가는 이론의 창조력을 그가 가지고 있고 그 때문에 어떤 작은 사실에 대해서도 이론이 흘러나와 그 사실이 중요한 것으로 확대되는 식이었다. 이런 식이니 시시한 이론을 생각해내는 일이 종종 있었던 것도 당연한 일이다. 그러나 다행히 아버지에게는 자신의 생각에 대해 판단하고 단정을 내릴 능력이 있었고 상상력도 따라주었다. 아버지는 자신의 이론에 대해 정의를 지키고, 조사하지 않고 단죄하는 짓은 하지 않았다. 따라서 수많은 사람에게는 조사할 가치가 전혀 없다고 생각되는 일도 나서서 조사하기도 했다. 이 무모하다고 해야 할 시도를 스스로는 '바보의 실험'이라고 불렀고 그것을 매우 즐거워했다."(아들 프랜시스의 회상기)

주1) 1881년에 추가된 부분.

"내[다윈]가 판단할 수 있는 한은 나는 타인의 뒤를 그저 따라가기만 하는 것을 즐거워하는 편이 아니다. 나는 내 마음을 자유롭게 유지하고 아무리 좋아하는 가설(나는 어떤 문제에 대해서도 가설을 세우지 않고는 배기지 못했지만)이라도 사실이 이것에 반한다는 사실을 알았을 때는 바로 그것을 버릴 수 있도록 언제나 노력했다. 실제로 나는 이 방법 말고 쓴 적이 없다. 『산호초』는 단 하나의 예외인데 그 외에는 나중에 버려지거나 대대적인 수정이 가해지거나, 어느 쪽도 아닌 것은 하나도 없다. 내가 혼성의 과학(주2)에서 연역적 추리에 대해 큰 불신을 품게 된 것은 당연한 일이다. 그러나 한편, 나는 매우 회의적이지도 않았다. 너무 회의적이면 과학의 진보를 위해 유해하다고 생각한다."(자서전), (주3)

역사가는 종종 말한다. 자료가 적은 시대의 역사는 쓰기 쉽지만 자료가 많으면 많을수록 판단하기 어려워서 쓰기 어려워진다고. 자연과학도 마찬가지다. 단지 사실을

주2) mixed sciences. 수학이나 물리학 등의 pure science에 대응하여 일컬은 것이리라.

주3) 주1과 같음.

많이 모으기만 하면 되는 것이 아니다. 사실이 많아지면 많아질수록 그것을 처리해서 법칙을 이끌어내는 것이 어려워지는 일이 자주 있다. 어떤 법칙을 세워도 예외의 경우가 어딘가에서 나타나, 법칙의 망에서 도망쳐버린다. 하지만 말할 필요도 없는 것이지만, 우리가 진리에 한 발짝이라도 다가가기 위해서는 그만큼 다수의 사실을 손에 쥐어야만 한다. 진리를 추구하는 것의 어려움이 바로 여기에 있다.

다윈은 생물의 변이와 적응에 대해 거대한 사실 수집을 했다. 만약 그가 '이론가' 능력을 갖추지 않았다면 그저 사실의 중량에 깔려서 질식했으리라. 그가 자서전에서 한 말은 오히려 조심스럽고 지나치게 겸손한 듯하다.

자서전이나 프랜시스의 회상기는 관찰, 이론, 가설 등에 대한 다윈의 태도를 그의 개인성에서 유래한 것, 바꿔 말하면 상당한 정도로 그의 선천적인 것이었다고 말해주고 있다. 그러나 다윈의 학문 방법은 그의 소질에 의해 실현 가능했다는 것을 인정해야만 하지만, 과학의 긴 발걸음에 의해 쌓아 올려진 것을, 그 기초에, 혹은 배후에 가지고 있다. 그것은 특히 영국의 과학 전통 속에 있는 것이라고 할 수 있다. 베이컨, 뉴턴, 보일, 록, 흄 등 영국의 과거의 과학자와 철학자의 이름을 떠올려보자. 다윈은 과학의 영국적 방법, 심지어 특히 19세기가 되어 근대화된 그 방법을 무엇보다도 라이엘의 지질학에서 실제로 배웠다. 동시에 허셸이나 휴얼의 과학철학에서 배운 점도 많았으리라.[주4]

맬서스가 인간의 사회에 대해 본 현상을 다윈이 그대로 생물 세계 속에서 보려고 한 것의 오류가 비난받고 있다. 학설을 발표한 지 얼마 지나지 않아 마르크스는 재빨리 다윈 학설의 위대한 가치를 인정함과 동시에, 그가 동물계에서 영국의 시민사회를 발견하고, 혹은 그가 17세기의 영국 철학자 홉스의 이른바 '만인의 만인에 대한 투쟁'을 보고 있다는 것을 지적했다. 다윈의 성도태설도 인간 사회의 관계를 동물계로 가져간 것이라고 종종 비난을 받았다. 그러나 이 설은 실증을 거쳤다.

또한 다윈에게는 인간 사회를 동물계와 같은 눈으로 보는 점이 있다. 그는 자연선택의 원칙이 인간 사회에도 보편적으로 적용되는 것이라고 생각했다. 다시 말해 다윈은 인간 사회도 생물계와 같은 것으로 이해했다.

주4) 다윈의 성공은 산업혁명이 시작될 무렵부터 영국 과학의 발전에 호응하는 영국 과학철학의 전통을 파악한 데 있다는 견해도 성립한다.

다윈의 생존경쟁설은 발표 이후 수많은 공격을 받았다. 신의에 의해 창조된 세계에 생존경쟁과 같은 '악'이 존재할 리가 없다는 편견, 혹은 이 편견을 과학으로 포장한 것이었다. 그러나 여기에서는 자세히 설명할 수 없지만 다윈의 설의 논리적인 모순이나 비약을 꽤 정확히 지적한 이도 있었다. 현재는 수많은 학자가 다윈의 설을 아직도 있는 그대로 받아들이고 있지만 그러한 사람들은 거의 비판적인 음미를 한 적이 없는 것 같고, 생존경쟁이 자연계에서도 보편적인 원칙이 아니라는 것에 대해 새로운 학설을 낸 사람도 있다.

다윈은 자신의 저서 『인간의 기원과 성 선택』(1871년)에서 인간은 (진화에 의한) 동정의 본능이 발달해서 그것은 약자의 보호 등으로 자연선택의 힘을 약하게 하지만, 병약자가 자식을 많이 남기지 않는 것 등으로 역시 자연선택이 유효하게 작용한다고 논했다. 이러한 견해는 부르주아적이라고 과거 한 시대의 사상가들에게 비난받은 적은 있었다.

다윈이 부르주아 학자라는 것은 사실이다. 그는 꽤 막대한 재산을 보유했고, 대형 도자기 회사를 가진 친척이 있었으며 다운의 커다란 저택에서 유유자적 생활했다. 그를 둘러싼 기분은 부르주아적인 것이었을 터다. 그러나 단순히 그것을 가지고 그를 비난하는 것은 그를 오늘날 사회의 인물로서 생각하는 점에서 일어나는 편견이라고 나는 생각한다. 물론 그의 시대에도 각종 계급 간 대립이 있었고 『종의 기원』과 같은 해에 마르크스의 『정치경제학 비판』이 출간된 예로도 알 수 있듯이 사회에 대한 최근대적 학설도 나왔다. 그러나 그의 시대와 오늘의 시대의 한 세기라는 격차를 무시한다면 그것이야말로 역사를 부정하는 것이리라.

다윈의 진화론이 사회의 종교적 편견과 싸워야 했던 어려움의 크기는 오늘날 우리가 상상하기 힘든 것이었으리라. 진화론의 확립이 인간의 세계관에 끼친 영향이 얼마나 컸을지 생각해보라. 생존경쟁 이외의 설에는 오류도 있을 수 있다. 그러나 전체적으로 그가 생물학의 진보에 얼마나 크게 공헌했는지는 이루 헤아릴 수 없을 정도다. 그가 사회에 자연선택설을 적용한 것은 오히려 사회에도 인과의 법칙이 엄연히 존재한다는 사실을 주장하기 위함이며, 신화적 편견에 대한 하나의 반동을 드러낸 것이지 단순한 부르주아 의식의 산물이 아니리라. 다윈은 마르크스나 엥겔스가 저서나 편지를 보냈을 때 정중하지만 소극적인 답변밖에 할 수 없었다. 그러나 그런데도 엥겔스가 마르크스의 묘 앞에서 '마르크스가 인류의 역사 발전의 법칙을 발견한 것과 마찬가지로 다윈이 생물계의 발전 법칙을 발견했다'고 말하며 다윈을 높이 평가한 것도 다윈 학설이 지니는 의의를 인정한 것이나 다름없으리라.

우리는 다윈을 그 노년의 모습으로 보기 때문에 잘못 보는 경우가 많다. 그의 위대한 업적이 완성된 것은 노년이기는 하지만 그 인격의 기초는 이미 젊은 시절에 완성되었다. 하물며 그의 진화론은 서른 살을 조금 지났을 무렵까지 개요의 구조가 완성되어 있었던 것이다. 우리가 노인 다윈의 어느 정도 타협적인 생활이나 사상에 시선을 빼앗기는 바람에 청년 다윈의 빛나는 진보적 정신, 이상, 그리고 인도주의를 못 본다면 그것은 다윈의 모든 모습을 못 본 것과 마찬가지다.

6. 다운의 생활 2 - 한결같은 생애의 업적

키는 아버지를 닮아 큰 편이었다. 어깨는 좁지는 않았으나 키에 비해 넓은 편은 아니었다. 아버지처럼 살집이 있지는 않았다. 나이 들면서 점점 등이 굽었다. 동작이 굼뜨고 느렸으며 오후에 계단을 올라갈 때는 한 발 한 발을 억지로 끌어올리는 듯했다. 현기증이 날 때는 집 안에서도 지팡이를 짚고 걸었다. 그러나 일에 흥미가 일었을 때는 생기 있고 활발한 몸짓으로 움직이기도 해서 젊은 시절의 활동적이고 매력적인 행동의 면모를 엿볼 수 있었다.

넓은 이마가 눈 위로 절벽처럼 솟아 있었고, 그 절벽 아래로 진한 눈썹이 빼곡히 나 있었다. 푸른빛이 도는 잿빛 눈동자는 노년이 되어서도 맑고 아름다웠다고 한다. 낯빛은 붉어서 건강해 보였기에 다윈이 아프다는 건 꾀병이라는 사람도 있었다. 그가 만난 몇 명의 외국인 학자들도 그의 겉모습이 병약해 보이지 않았다고 말했다. 1877년에 멀리 러시아에서 다운을 방문한 티미랴제프K. A. Timiriazeff(1857~1935)는 공직 생활을 하며 몸이 상한 헉슬리와 비교할 때 노년의 다윈이 훨씬 젊은 인상을 주었다고 말했다[주1]. 그러나 다윈의 건강이 실제로 무척 좋지 않았다는 사실은 아들 프랜시스의 회상기와 그가 쓴 수많은 편지, 혹은 그의 다양한 행동으로 추측해봐도 거의 의심의 여지가 없다[주2].

이렇게까지 몸이 불편한 상황에서도 다윈은 73세의 나이로 세상을 뜨기 직전까지 거의 연구에서 손을 떼지 않았고, 심지어 연달아 저작을 출간했다. 이는 경이롭다고밖에 달리 표현할 길이 없다. 게다가 가정에서는 좋은 남편이었고 큰소리 한번 치지 않는 다정한 아버지였다. 또한 친구들과 마을 사람들에게 친절한 마음을 잃는 법이 없었다. 마을의 공공사업을 위해서 봉사도 많이 했다. 집안일을 해주는 하인들도 많았는데, 이들에게도 거친 말을 하지 않았다. 비글호를 타고 항해하는 동안 심한 뱃멀미에 힘들어하면서도 그는 늘 다정한 청년이자 활동적인 연구자였다. 이런 것으로 보아 다윈은 고통을 이겨내는 힘을 젊은 시절부터 지니고 있었다는 사실을 알 수 있다. 물론 그는 자신의 몸이 축나는 것을 알고는 있었을 것이다. 하지

주1) 티미랴제프의 다운 방문기의 개요를 졸저 『러시아의 과학자ロシヤの科学者』(아테네문고)에 소개했다. 헤켈, 드 캉돌도 다윈 방문기를 썼다.

주2) 다윈의 병의 원인은 90쪽[주1]에 썼다.

만 끊임없이 고통을 극복함으로써 의지력이 더욱 굳건해졌으리라. 우리는 병고와 맞서 싸우는 다윈을 곁에서 지켜준 다윈 부인의 노고도 놓쳐서는 안 된다. 부인은 다윈의 연구 작업에서도 훌륭한 이해자이자 조수였다. 저작교정은 부인의 도움을 많이 받았다. 다윈 자신이 내용을 너무 잘 알고 있기에 설명이 소홀해지는 부분이 있으면 부인이 그것을 지적했다. 다윈 부인은 그냥 인사치레가 아니라 진심 어린 상찬을 받을 자격이 있다.

다윈은 늘 아침 일찍 일어났다. 오전이 그나마 몸 상태가 좋은 시간대였다. 산책을 한 바퀴 한 후, 7시 45분에 아침을 먹고 8시부터 9시 반까지 일을 한다. 이때가 하루 중 일이 가장 잘되는 시간대였다. 그는 "이때 그날 할 일을 충분히 할 수 있었다"고 훗날 자주 말했다. 오전 9시 반부터 10시 반까지 응접실에서 편지를 받아 소파에 누워서 가족들에게 온 편지를 읽어주는 것을 들었다. 아내가 소설을 읽어주기도 했다. 그때부터 정오가 지날 때까지 다시 연구에 몰두했다. 이 일이 끝나면 흰색 폭스테리어종인 반려견 폴리를 데리고 산책에 나섰다. 비오는 날에도 빼먹지 않았다. 이 산책을 할 때는 온실을 살펴보거나 저택 근처를 걸었다. 한때는 누군가의 권유로 승마도 했다.

낮 산책에서 돌아오면 식사를 한다. 단것을 좋아해서 의사에게 자제하라는 소리를 들었지만, 그 충고를 어기는 일이 종종 있었다. 술은 별로 마시지 않았다. 그러나 때로는 소량의 음주로 힘을 내곤 했다. 방문객과 점심을 함께 하는 일도 자주 있었다.

점심 후에는 신문을 읽었다. 과학에 관련한 것 외에 스스로 읽는 것은 신문뿐이었는데, 관심 가는 기사만 골라 읽는 정도였다고 한다. 신문을 읽으면서 정치적 의견을 내놓기도 했으나 그저 문득 떠오른 의견 정도였다고 아들 프랜시스는 말했다. 오후 3시까지는 편지를 썼다. 그러고는 침실에서 휴식을 취했다. 소파에 누워 담배를 피운다. 담배를 피우는 것은 휴식 시간뿐이었다. 그러나 코담배snuff tobacco(코에 갖다 대어 냄새를 맡는 가루담배.-역자 주)는 그 외의 시간에도 이용했다. 코담배를 이용하는 습관은 에든버러 시절부터 있었다고 한다.

휴식을 취하면서 부인이 읽어주는 소설을 들었다. 오로지 행복한 결말로 끝나는 작품들뿐이었다. 들으면서 까무룩 잠들곤 했지만 멈추면 깼기 때문에 아내는 읽기를 멈추지 않았다. 나중에 깨서 그 부분을 못 들었다며 아쉬워했다. 4시가 되면 옷을 갈아입고 산책에 나섰다.

4시 반부터 5시 반까지 다시 일했다. 끝나면 6시까지 응접실에서 빈둥거렸다. 그러고는 침실에서 다시 소설을 읽어달라고 하거나 코담배를 즐겼다.

저녁시간은 7시 반이었지만 노년이 되어서부터는 달걀이나 약간의 고기를 먹고 차를 마실 뿐이었다. 다 먹으면 금세 식당을 나갔다. 이야기를 하다 보면 피곤해져서 다음 날 일에 지장을 준다. 별실에서 부인과 백개먼backgammon(서양식 주사위 놀이.-역자 주)을 했다. 매일 밤 두 게임은 꼭 했고, 승부를 기록해두었다. 지면 요란하게 화를 내기도 했다. 이따금 승부 표를 꺼내보고는 기뻐하기도 했다.

그런 다음에는 응접실이나 서재에서 과학서를 읽거나 아내가 치는 피아노를 들으며 피로를 풀었다. 다윈 부인의 피아노는 다운의 조용한 생활에서 최고의 사교 요소였다. 후커도 젊은 시절에는 '다윈가의 음악'을 기대했다. 다윈은 밤 10시 반에 잠자리에 들었다. 그러나 불면에 휩싸이는 일이 많았다.

이 빈틈없는 일과는 일요일이라고 해서 다를 바 없었지

만, 아무래도 몸이 좋지 않은 날에는 지킬 도리가 없었다.

　다윈은 금전에도, 사무적인 일에도 꼼꼼하고 검소했다. 그러나 그는 결코 융통성 없고 유머 없는 사람이 아니었다. 그의 유머 넘치는 성품이 여러 일화에서 전해지지만 여기에서는 소개하지 않기로 한다. 다윈의 초상화나 사진을 보기만 해도 그의 그러한 성품을 엿볼 수 있으리라. 자녀들에게는 금전에 대해서도 관대했다.

　너무 일을 많이 해서 피곤해 보일 때는 아내가 여행을 권하곤 했다. 좀처럼 가려 하지 않았지만 억지로 친척 집 등을 방문해서 묵고 왔다. 만년이 다 되어서는 런던에 사는 형 이래즈머스의 집에 일주일간 딱 한 번 방문했을 뿐이지만, 리치필드 부인이 된 딸 헨리에타(1871년에 결혼)의 집이나 매형의 집 등에 놀러 갔다. 이러한 여행 때든, 런던에 사는 친구를 당일치기로 방문할 때든, 아침에 몸 상태가 가장 좋을 때 그쪽에 도착할 수 있도록 가능한 한 아침 일찍 기차를 탔다. 여름에는 긴 기간은 아니지만 가족과 함께 와이트섬, 코니스턴, 스톤헨지 등으로 피서를 떠났다. 와이트섬에서 시인 테니슨과 만난 적이 있지만 다윈도 부인도 그에게 그다지 친밀감을 느끼지 못했다.

후커와 함께 일하기 시작하면서부터는 그가 가장 친밀한 친구였다. 라이엘이 그다음으로, 만년에는 이 두 사람에 이어 헉슬리와 친했다. 헉슬리와 그 부인도 다운을 방문했는데 헉슬리의 수많은 자녀들이 다윈의 집에 와서 2주 동안이나 머물다 간 적도 있었다.

린네 학회에서 발표가 있었던 해에, 럭비 스쿨을 다니던 다윈의 장남 윌리엄은 케임브리지에 진학했다. 그는 졸업한 후 은행가가 되어 사우샘프턴에 정착했다. 다른 아들들은 클래펌에 있는 기숙학교에 들어갔는데 차남 조지도 이윽고 케임브리지에 입학했다. 1868년에 그가 세컨드 랭글러(수학 시험 차석)가 되었을 때는 다윈가 모두가 야단법석이었다. 그는 졸업 후에 같은 대학 천문학 교수가 되었다. 3남인 프랜시스는 의학을 배웠지만 오랫동안 아버지의 일을 도왔고 박물학을 연구하여 아버지 사후에 케임브리지의 교수가 되었다. 레너드는 아버지가 살아 있을 때 육군 기술장교가 되었지만 소령으로 퇴직한 후 국회의원이 되었고 또한 우생학에 대한 책을 썼다. 그는 우생학회의 회장도 역임했다. 다윈의 사촌 동생인 골턴이 우생학의 창시자였으니 이 학문에 가까워질 수 있었으리라. 5남인 호레이스는 케임브리지에서 정밀기계 연구와 제작에 종사하여 성공했다.

『종의 기원』이 나오고 약 20년 동안 다윈은 10권에 달하는 저작을 집필했다. 심지어 새로운 저작 출간 외에도 기존 작의 몇 권은 개정판이 병행하여 나왔다. 1860년대의 저작은 『영국 및 외국산 야생난에서 곤충이 매개하는 수정에 관한 연구』와 『사육, 재배하는 동식물의 변이』 둘인데 1868년에 나온 후자는 두 권으로 이루어졌으며 두 권 모두 대작이다. 1680년 이후 다윈은 자신의 거의 모든 열정을 이 일에 쏟아부었다. 이 책에 그의 판게네시스pan-genesis(획득성 유전을 설명하기 위하여 1868년 다윈이 제창한 가설로, 그 내용은 신체 각 부분의 세포에는 자기증식성 입자인 제뮬gemmule(小分體)이 함유되어 있어서 혈관이나 도관 등을 통해 생식세포에 모이고 자손에게 전달되며, 자손의 몸의 여러 부분에 분산되어 있어서 어버이의 형질을 나타내게 된다는 것.-역자 주)가 쓰여 있는데 나중에 다윈 자신에 의해 철회되었다[주3].

주3) 다윈은 생물체의 기관이나 부분의 세포에서 제뮬gemmule이라는 소립자가 방출되어 생식세포에 모여서 자식에게 전달된다는 가설을 세웠다(1868년). 이것으로 환경에 의한 획득형질의 유전을 설명하려고 실험까지 했지만 증명하지 못했다.

『영국 및 외국산 야생 난에서 곤충이 매개하는 수정에 관한 연구』이후에도『식충식물』외에 식물학 저작이 다수 출간되었다. 이로써 다윈의 새로운 흥미가 식물학으로 향했다는 사실을 알 수 있다. 1871년부터 1881년까지 일곱 권의 대작이 나왔다. 다윈의 연령으로 말하자면 62세부터 72세까지이므로 놀라지 않을 수 없다. 1870년대 초반에『인간의 기원과 성 선택』,『인간과 동물의 감정 표현』이 출간되었다. 그 뒤로 이어진 네 권이 식물학 저서였고, 맨 마지막 저서만이 지질학에 관한 것이었다.

앞에서도 말했지만 이들 저작의 내용은 일찍이 연구에 손을 댄 것들이 많다.『인간의 기원과 성 선택』도 마찬가지다.『인간과 동물의 감정 표현』은 첫째인 윌리엄의 성장 모습을 다윈이 부지런히 관찰하여 기록한 것에서 그 연구가 시작되었다. 그러나 저작으로서 성립시키기 위해서는 새로이 연구해야 하는 것도 많았다. 다윈은 그 작업에도 쉴 없이 임했다. 식물학은 직접 온실에서 여러 식물을 재배하며 관찰과 실험을 했다. 티미랴제프는 다윈을 영국의 식물생리학의 선구자로 여겼다.

1860년까지 다윈은 영국의 여러 학회 회원으로 추천받아 명예 메달을 받았다. 외국 학회 중에서도 그를 회원으로 삼은 곳이 있었다. 그러나 그 수는 적었다. 1860년대에는 스코틀랜드 왕립학회, 아일랜드 왕립학회 외에도 본, 브로츠와프, 베텔스부르크 등의 외국 대학과 학사원이 그에게 학위를 수여하거나 그를 회원으로 추천했다. 그러나 그것들은 역시 소수였다. 하지만 1870년대에 들어서자 전 세계의 대학과 학사원, 학회에서 각각 명예 칭호가 문자 그대로 빗발치듯 다윈을 향해 쏟아졌다. 그것은 진화론이 이미 전 세계를 거의 정복하고 승리를 얻었다는 것을 의미했다.

이러한 학계의 정세 속에서 가장 먼저 다윈에게 명예를 수여해야 함에도 그것을 굳게 거부한 곳이 있었다. 그것은 다윈이 과거 공부했고 자신의 아이들도 줄지어 입학한 케임브리지대학이었다. 이 대학이 결국 콧대를 꺾고 다윈에게 명예법학박사(L. L. D) 학위를 수여하기로 결정한 것은 1877년이었다. 11월 16일에 거행된 수여식에서는 다윈 부인도 자녀들을 데리고 참석했다. 그곳의 관례인 붉은 외투를 입고 명예 학위를 받는 남편의 모습을 다윈 부인은 자랑스럽게 지켜보았다(주4).

진화론이 발표되고 퍼져나감에 따라 다윈이 종교에 대해 어떤 견해를 갖고 있느냐는 질문이 영국 국내뿐 아니라 국외 각 방면에서 그에게 쏟아졌다. 그런 질문에 대답하면서 다윈은 자신이 무신론자가 아니라는 사실을 강조했다.

"내가 어떤 생각을 지니고 있는지는 나 자신에게만 관계 있는 것이지 다른 사람과 관계있는 것은 아닙니다. 그러나 물어보시니 대답하겠지만, 내 판단은 이따금 흔들리고 있습니다. … 그러나 가장 심하게 흔들렸을 때도 신의 존재를 부정하는 의미로서의 무신론자였던 적은 없습니다. 나는 언제나 그렇다고는 할 수 없겠지만 보통은(나이가 들면서 더욱 그렇지만) 불가지론자(초경험적인 것의 존재나 본질은 인식 불가능하다고 하는 철학상의 입장.-역자 주)라고 하는 편이 내 마음 상태를 더욱 정확히 나타내는 것이라고 생각하고 있습니다."(1879년, 포다이스에게 보낸 편지)

주4) 케임브리지대학은 훗날에도 진화론에 호의를 보이지 않았다. 1909년에 케임 브리지에서 열린 다윈 탄생 100주년 기념식전에서 레이 랭키스터Ray Lankester 가 한 강연은, 케임브리지의 교수 베이트슨Bateson의 진화론 반대 태도를 암묵 적으로 공격하는 논조가 들어 있었다고 한다.

독일 학생의 질문에 대해 하인에게 쓰게 한 답변(같은 해)에는 "그[다윈]는 진화론이 신의 신앙과 완전히 양립한다고 생각하고 있습니다. 그러나 신에 대한 정의가 사람에 따라 다르다는 것을 잊어서는 안 됩니다"라고 했다. 이 학생이 다시 질문을 해오자 "과학을 연구하는 습관은 다른 이로 하여금 증명을 중요시하게 만드는데 이것 외에 과학이 기독교와 관계하는 일은 없습니다. 나로서는 어떤 계시의 존재도 믿지 않습니다"라고 답변했다.

자서전에는 다음과 같은 말이 있다. "내가 꽤 나이가 들기까지 인격신의 존재에 관해 그다지 생각한 적이 없는데 내가 지금 도달한 희미한 결론을 이곳에 말하겠다. 페리가 말하는 자연의 계획(디자인)이라는 오래된 논의는 이전의 내게는 완전히 결정적인 것이었다. 그러나 자연선택의 법칙이 발견된 현재는 받아들일 수 없다.", "신의 존재를 확신하게 하는 다른 하나의 원인은 감정이 아니라 이성과 연관되어 있는 것인데, 이쪽이 더욱 중대한 듯하다. 그 원인은 이 무한하고 신비한 우주, 더욱이 그 안에 포함되는 인간과 먼 과거나 미래를 보는 것이 가능한 인간의 능력을 맹목적 우연 또는 필연의 결과라고 생각하기가 극도로 어렵기 때문에, 아니 불가능하기에 생겨나는 것이다. 이런 생각에 이르자, 나는 어느 정도까지 인간의 것에 가까운 지능적인 마음을 지니는 가장 큰 원인에 주목해야 한다고 느낀다. 따라서 나를 유신론자라고 불러도 좋다. 이 결론은 내가 기억하는 한은 내가 『종의 기원』을 쓸 당시에 내 마음속에 강하게 자리 잡았다. 그러나 그 후에 수많은 동요를 거치면서 아주 서서히 약해졌다. 그러나 또 의문이 든다. 내가 확신하는 한 가장 하등의 동물이 지니는 가장 낮은 마음에서 발달한 것이라 할 수 있는 인간의 마음이, 이처럼 큰 결론을 끌어낼 수 있다고 믿어도 될까.", "나는 이처럼 불가해한 문제에 조금이라도 빛을 던지듯, 행동할 수는 없다. 만물의 원시의 신비는 우리에게는 풀 수 없다. 나 같은 사람은 불가지론자로 그치는 데 만족할 수밖에 없다."(주5)

다윈의 종교관에는 부인이 영향을 주었으리라는 견해도 있다. 그녀의 신앙은 매우 깊었다. 다윈의 어머니와 마찬가지로 유니테리언이었고, 아이들도 세례는 영국교회

주5) 다윈의 사후에 자서전이 출간되었을 때 부인과 딸들의 희망으로 많은 부분이 삭제되었다. 그 가운데 약 절반은 종교관에 관한 것이었다. 겨우 1958년에 자서전 원본이 발표되었다. 그것에 따르면 다윈은 원래 생각되었던 것보다 훨씬 종교를 부정하는 데 철저했던 것 같다.

에서 받게 했지만 보통은 유니테리언 목사의 설교를 들으러 가게 했다. 다윈과 결혼한 지 얼마 지나지 않아 부인은 남편의 신앙에 의심을 품었고 두 통의 편지를 써서 남편에게 호소했을 정도다.

"저는 이러한 고통도 신이 내려주신 것이라고 믿습니다. 고통과 불행이 우리의 마음을 강하게 할 뿐 아니라 우리가 희망을 가지고 미래를 보는 데 도움이 되는 것이라고 믿습니다. 이것이 저의 오직 하나뿐인 위안입니다. 당신의 인내, 다른 사람들에게 베푸는 깊은 정, 당신의 자제력, 그리고 무엇보다도 당신을 돕기 위해 이루어진 아무리 작은 것에도 나타나는 기쁨. 그런 것을 볼 때마다 저는 당신이 그러한 귀중한 감정을 당신의 매일의 행복을 위해 신에게 바치라고 부탁하지 않을 수 없습니다. … 기도를 드리는 마음은 감정입니다. 이성이 아닙니다. 그래도 이런 말씀을 드리는 것은 제가 지나친 걸까요?"

다윈 부인은 남편의 학설이 성공한 것은 기뻐했지만, 그것이 신앙을 배반하는 것이라는 비난을 받을 때는 마음 아파했다.

아내에 대한 다윈의 애정이 얼마나 깊었는지는 그가 자신의 생활 대부분을 아내에게 의존했던 것을 봐도 엿볼 수 있다. 웨지우드가에서의 밝고 화려한 생활 습관을 미련 없이 버리고 전원에서 생활하며 연구하고 공부하는 남편을 위해 헌신하는 이 아내에 대해 다윈이 큰 감사를 품은 것도 당연하리라. 따라서 그가 늘 아내의 감정적인 호소를 함부로 거부할 수 없었으리라는 것, 혹은 그것에 의해 그의 마음속까지 영향을 미쳤을지도 모른다는 것을 상상하는 것도 무리는 아니다.

다윈의 종교관이 철저하지 못한 것을 두고 비난하는 사람이 적지 않다. 그가 진화론과 종교(신의 존재)가 양립하는 것이라고 말하거나 무신론자라는 소리를 듣는 것이 두려워 불가지론자라고 자칭하는 것이 비난당하는 것이다. 다윈의 종교관이 철저하지 못했다는 것을 부정할 수는 없다. 그러나 그것만을 가지고 다윈을 비난하는 것은 너무 가혹하다. 우리는 다음 사정도 고려해야 하기 때문이다.

다윈 이전의 진화론자, 특히 18세기 프랑스의 학자나 사상가들에 관해 보면, 그들은 유신론적 세계관이 진화론을 앞섰다. 바꿔 말하면 후자는 전자에서 생겨난 것이다. 라마르크에 관해서도 이 관계의 존재가 인정된다. 그런데 다윈은, 그가 청년 시절에 꽤 진보적 정신을 가졌고 인습적 관념에 얽매이지 않은 사유의 자유성을 가졌다고 하더라도 의식된 유물론 사상을 품지는 않았다. 그의 사상적, 종교적 고민은 진화론이 그의 가슴속에 성립한 후 나중에 생긴 것이다. 그 경우에도 그는 하나의 세계관의 확립을 요구하지는 않았고, 그것을 구하는 큰 필연성도 존재하지 않았다. 그것에 의해 다윈이 비난받아야 한다면, 우리는 아마도 19세기까지의 위대한 과학자 중에서 비난받지 않을 자가 한 사람이라도 있다고 말할 수 없으리라. 우리는 종교에 대해 다윈이 한 걸음씩 생각을 진전시켜서 끊임없이 뒷덜미를 당기는 느낌을 받으면서도 합리적인 사유를 갈망했던 태도에서 그의 위대함을 보아야 한다. 그리고 다윈 이후의 진화론자 내지 일반 생물학자가 헉슬리 같은 사람을 제외하면 진화론과 종교적 관념과의 조화를 목표로 하는 방향으로 더욱 나아가야 한다는 것을 생각하면, 다윈의 종교관에 대한 비난의 근거가 강고한 것으로는 생각되지 않는다.

프랜시스의 회상기 등을 통해 엿볼 수 있는 것으로서, 만년에 가까운 다윈이 정치에 대해서도 평범한 상식적인 의견만 제시했고 예술에 대한 흥미도 옅어졌다는 것이, 종교관의 문제와 함께 다윈을 속인으로 보게 하는 원인이 되고 있다. 그의 인도주의의 한계를 지적하며 그가 부르주아인 속물이라는 점을 인상 깊게 보는 사람도 있다. 그러나 다윈의 이러한 생활 태도는 그가 그 시대의 학자 중 한 사람이라는 점을 고려하고, 지금 그의 종교관에 대해 말한 것에 더하여 그의 과학에 진력하는 자세와 건강하지 못한 몸 상태를 고려한다면 일단 당연한 것으로 이해할 수 있으리라. 헉슬리는 인간의 기원에 대해 최초로 대담하게 발언하여 노동자에 대해 진화론 강의를 하며 영국 과학자 중에서 민중의 종교심에 가장 심각한 영향을 끼친 인물이라는 평가를 받지만, 그조차 또한 불가지론(그 내용은 다윈의 것과 조금 다르며 더욱 철학적이다) 입장에 그쳤다. 또한 헉슬리는 의회가 의석을 제공했으나 그 제안을 뿌리치고 정치에 관여하기를 애써 피했다. 그 시대에는 과학자가 정치에 관여하는 것은 꼴사나운 정쟁의 소용돌이에 휘말리는 것을 의미하는 데 지나지 않았기 때문이다.

나는 다윈의 사상과 생활 태도가 이처럼 어쩔 수 없었다는 점을 인정한다. 그러나 물론 그것이 올바른 것이다, 혹은 그걸로 충분하다고 생각하는 것은 아니다. 그것에 대한 반성은 우리가 자신의 삶의 방식을 정하려 할 때 좋은 참고가 될 것이다. 앞에서 거듭 말했듯이 진화에 대한 다윈의 학설의 기초는 1840년대 초반에, 즉 그가 30대를 갓 넘겼을 때 이미 완성되었다. 만약 다윈이 그 후 시대에서 다른 삶을 살며 사상에서도 다른 발전의 길을 걸었다면 그의 진화 학설에도 변화가 생겼을지도 모른다. 그러나 지금 여기에서 그러한 것을 논할 필요는 없고, 아니 논해서도 안 될 것이다[주6].

　1881년 8월에 다윈의 형 이래즈머스가 런던에서 죽은

주6) 여기에서 쓰는 것은 주석이라기보다 권말 부록이다. 다윈의 종교관이나 인간관 등은 본문에서 언급했지만 그의 전체적인 세계관을 확실히 알고 싶다고 생각하는 독자가 많으리라. 하지만 그런에 따르면 "다윈은 자신의 세계관을 체계적으로 말한 적은 없다." (J. C. Greene, *Science, Ideology, and World View, 1981*) 즉 각각 찾아야 한다는 말이리라. 또한 청년 다윈의 사상에 관하여 스코틀랜드 리얼리즘의 영향(*E. manier, The Young Darwin and His cultural Circle, 1978*) 등 다양한 연구가 행해졌다는 것을 이 책이 '청년 다윈'을 목표로 해온 것이기 때문에 한마디 더하지 않으면 안 된다. 또한 다윈이 견지한 과학의 방법에 대해서도 본서는 깊게 파고들지 않았는데 졸저 『다윈을 읽다ダーウィンを読む』(이와나미서점, 1989년)에서 마이어E. Mayr 등의 분석(야스기 류이치, 니즈마 아키오新妻昭夫 역 『진화론과 생물철학進化論と生物哲学』東京化学 同人 등)을 기본으로 하여 논하고 있으므로 참고하기 바란다.

후 다운에 묻혔다. 그 가을부터 다윈의 건강이 더욱 악화
된 듯하다. 12월에 런던의 딸 집에 일주일 정도 놀러 가서
는 어느 날 로마네스George Romanes(1848~1894)를 만나러
갔다가 문 앞에서 심장 발작을 일으켰다. 그러나 1882년
초 무렵에는 건강이 어느 정도 회복된 듯했다. 1월 말에
또 병세가 나빠졌다. 2월도, 3월도 언제 심장 통증이 일어
날지 모르는 상태여서 집에서 거의 나갈 수 없었다. 그래
도 사프란의 봉오리가 터지고, 새가 지저귀는 과수원의 햇
살 아래 부인과 함께 앉아 행복한 모습을 보이기도 했다.

4월 15일 저녁, 급히 현기증이 일어 소파에 앉으려다 쓰
러졌다. 17일에는 어느 정도 상태가 좋아져서 프랜시스가
외출할 때 대신 실험을 기록하기도 했다. 그러나 18일 밤
에 급격한 발작을 일으켰다. 겨우 의식을 차린 다윈은 "죽
는 것은 조금도 두렵지 않다"고 말했다. 죽음이 가까이 다
가왔음을 직감한 듯했다. 다음 날 아침에는 심하게 구토
를 했고 눈에 띄게 쇠약해졌다. 다음 날 오후 3시 반 부인,
프랜시스, 리치필드 부인(헨리에타), 엘리자베스가 지켜보
는 가운데 이 세상을 떴다. 향년 73세 2개월이었다.

유족은 유해를 다운에 묻고자 했으나 하원의원들 사이

에서 다윈을 국가 위인 중 한 사람으로서 웨스트민스터사원에 모셔야 한다는 의견이 일었다. 사원도 이를 승인했다. 다윈가의 가까이에 살며 가족들과 친했던 존 러벅John Lubbock(1834~1913)이 열심히 설득하여 유족도 이 의견을 따랐다. 후커, 헉슬리, 윌리스, 스포티스우드(왕립학회장) 등 10명이 관을 지켰고 4월 26일에 장례식이 열렸다. 외국 학계의 대표자도 다수 참석했다. 유해가 묻힌 장소는 뉴턴과 라이엘이 묻힌 곳 근처였다.

다윈 부인은 88세까지 장수하여 1896년 10월 11일에 세상을 떠났다. 겨울에는 케임브리지의 자녀들 곁에서 지내고, 여름에는 수많은 손주들을 데리고 다운으로 돌아왔다.

편집 후기

　저자는 다윈의 청년 시절부터 쌓여나간 인간적 발전이 어떻게 노년의 위대한 과학자 다윈으로 이어지는지 그 여정을 그려냈다. 청년 다윈이 한 걸음씩 성장하여 자기 삶의 다양한 방면에 존재하던 모순을 해결하고 조화를 꾀하고자 끊임없이 노력하는 모습이 담겨 있다. 다윈의 과학자로서의 면모뿐 아니라 한 인간으로서의 솔직한 모습을 볼 수 있다.

　다윈은 성에 찰 때까지 철저하게 조사했던 활동적인 연구자였다. 자세한 관찰을 통해 미지의 자연이 품고 있는 경이로움을 체험하고, 자연 그 자체에서 배우며 성장했다. 그에게는 자연이 곧 스승이었던 것이다. 비글호 탐험기나 자서전, 항해지에서 보낸 편지 등에서는 다윈의 따뜻한 인간미와 사유의 합리성을 엿볼 수 있다. "그래도 정말로 다정한 마음으로 '아름다운 페니'라고 불러보곤 해." 교제하던 여자들을 그리워하는 다윈의 문장들은 아름답고

격조 있다. 절해고도에서 해양 동물을 채집해 방부액에 담그거나 인식표를 붙이는 작업에 몰두하는 청년 연구자의 외로움과 그리움은 절절하기까지 하다. 노예제도를 비판하고 항해에 동행한 흑인들의 장점을 따뜻한 눈으로 바라봤던 다윈은 강한 정의감의 소유자이기도 했다.

이처럼 청년 다윈의 빛나는 진보적 정신, 이상, 그리고 인도주의를 드러내는 생전의 그의 말과 글들을 풍부하게 접할 수 있다. 이 책은 우리가 미처 알지 못했던 다윈의 진면목을 보여주며, 과학사에 큰 획을 그은 그의 위대성의 원천이 무엇인지에 대해서도 다시금 되돌아보게 해준다.

부록

1. 다윈의 가계와 가족

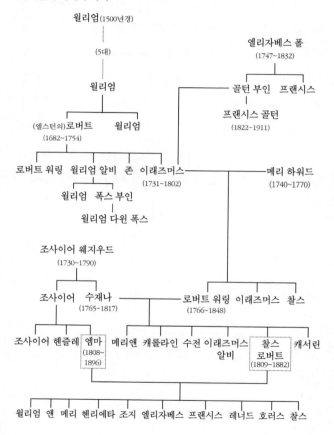

윌리엄(1500년경)

(5대)

윌리엄

(엘스턴의)로버트   윌리엄
(1682~1754)

엘리자베스 폴
(1747~1832)

골턴 부인   프랜시스

프랜시스 골턴
(1822~1911)

로버트 워링 윌리엄 알비 존 이래즈머스
(1731~1802)

메리 하워드
(1740~1770)

윌리엄 폭스 부인

윌리엄 다윈 폭스

조사이어 웨지우드
(1730~1790)

조사이어 수재나
(1765~1817)

로버트 워링 이래즈머스 찰스
(1766~1848)

조사이어 헨슬레 엠마
(1808~1896)

메리앤 캐롤라인 수전 이래즈머스 찰스 캐서린
알비 로버트
(1809~1882)

윌리엄 앤 메리 헨리에타 조지 엘리자베스 프랜시스 레너드 호러스 찰스

2. 연보

1809   2월 12일 슈루즈베리에서 태어나다.

1817   봄, 케이스의 초등학교에 입학

      7월 17일 어머니 사망

1818   버틀러 학교의 기숙사에 들어가다.

1825   10월, 형과 에든버러대학에 입학하여 의대생이 되다.

1826   11월 28일 플리니 학회에 들어가다.

1827   3월 27일, 플리니 학회 정례회에서 발표하다.

      4월, 에든버러대학을 그만두다.

      5~6월, 유럽 대륙을 여행

1828   1월 케임브리지대학 신학부에 입학

1831   1월, 학사 시험에 통과하다. 정식 칭호 수여는 6월 24일

      8월, 세지윅을 따라 웨일스 북부로 지질학 연구 여행

      9월, 비글호 승선 결정

      12월 27일, 플리머스 출항

1835   10월 11일, 파머스항 도착

      11월, 지질학회 회원이 되다.

      주로 지질학, 그리고 동물학을 연구

      12월, 케임브리지에 살다.

1837   3월, 런던 그레이트말보로가에 살다.

      7월, 종의 기원 문제에 대해 첫 번째 노트를 펼치다.

1838   2월, 지질학회 서기로 취임(3년 재임)

      이미 병의 징후가 나타나다.

      6월, 그렌로이로 연구 여행

      10월, 맬서스 『인구론』을 읽다.

      11월 11일, 엠마 웨지우드에게 청혼

      12월, 런던 가워가로 이사

1839   1월 24일, 왕립학회 회원으로 선발되다.

	1월 29일, 메이어 교회에서 결혼
	12월 27일, 장남 출생
1841	2월, 지질학회 서기를 사임
1842	6월, 종의 기원 문제에 관한 메모를 적다.
	9월 14일, 다운에 거주
1844	6~7월, 종의 기원 문제에 관해 230쪽의 개요를 쓰다.
1846	연구의 무게중심이 지질학에서 동물학으로 넘어가 만각류 연구에 착수하다.
1848	11월 13일, 아버지 사망
1851	4월 23일, 멜번에서 장녀 앤을 잃다.
1854	만각류 연구를 끝내고 종의 기원 문제에 관한 저작 준비를 시작하다.
1856	라이엘, 후커 권고로 저작 집필에 착수하다.
1858	6월 18일, 월리스에게서 논문과 편지를 받다.
	6월 28일, 막내 찰스 사망
	7월 1일, 라이엘과 후커의 배려로 린네 학회에서 다윈과 월리스 학설 발표
	7월 20일, 와이트섬에서 『종의 기원』 집필에 몰두하다.
1859	11월 11일, 최초의 여러 권 발송하다.
	11월 24일, 공식적으로 출간되다.
1860	6월 30일, 헉슬리가 옥스퍼드에서 개최하는 영국 학술협회에서 윌버포스와 논쟁하다. 진화론의 승리를 약속. 1860년부터 사망한 해까지 저작을 연달아 출간. 식물에 관한 여러 연구를 하다. 각국 학회에서 수많은 명예를 받다.
1876	자서전을 쓰다(1881년에 보충).
1877	11월 16일, 케임브리지대학 명예 학위 수여식에 참석
1881	8월, 형 이래즈머스 사망, 다운에 매장
1882	4월 19일에 사망, 웨스트민스터사원에 매장(같은 달 26일)

3. 다윈의 저작

1839년   『비글호 항해기Journal and Remarks』제1부, 제2부(Journal of Researches)는 1845년, 제3판(A Naturalist's Voyage)은 1860년

1839~1841년   『비글호 항해의 동물학Zoology of the Voyage of the Beagle』의 몇 부분

1842년   종의 학설에 관한 메모

1842~1846년   지질학적 관찰. 제1부 『산호초Coral-Reefs』1842년, 제2부 『화산섬Volcanic Islands』1844년, 제3부 『남아메리카의 지질학적 관찰Geological Observations on South America』1846년

1844년   종의 학설의 개요

1851년   『영국의 화석 만각류의 연구Cirripedia』제1권 및 만각류 화석 제1권

1854년   현생종과 절멸종에 관한 두 저서의 제2권 간행

1859년   『종의 기원On the Origin of Species by Means of Natural Selection』, 제2권은 1860년, 제3판은 1861년, 제4판은 1866년, 제5판은 1869년, 제6판은 1872년

1862년   『영국 및 외국산 야생 난에서 곤충이 매개하는 수정에 관한 연구On the Various Contrivances by Which British and Foreign Orchids Are Fertilized by Insects』, 제2판은 1877년

1868년   『사육, 재배하는 동식물의 변이The Variation of Animals and Plants under Domestication』, 제2판은 1875년

1871년   『인간의 기원과 성 선택The Descent of Man, and Selection in Relation to Sex』, 제2판은 1874년

1872년   『인간과 동물의 감정 표현The Expression of the Emotions in Man and Animals』

1875년   『식충식물Insectivorous Plants』

1876년   자서전. 1881년에 보충

1876년	『식물계의 이종교배 및 자가수정 효과Cross and Self Fertilisa-tion)』, 제2판은 1878년
1877년	『동일 종에 존재하는 다른 형태의 꽃The Different Forms of Flowers on Plants of the Same Species』, 제2판은 1880년
1880년	『식물의 운동력The Power of Movement in Plants』
1881년	『지렁이의 활동과 분변토의 형성The Formation of Vegetable Mould through the Action of Worms』

덧붙임

1842년의 메모와 1844년의 개요가 1909년에 『종의 기원의 기초Foundations of the Origin of Species』라는 제목으로 출간되었다. 또한 그것에 린네 학회에서의 발표 논문을 추가한 것이 'Ch. Darwin and A. R. Wallace : Natural Selection'이라는 제목으로 1958년에 나왔다. 1856년에 쓰기 시작해서 월리스의 편지와 논문으로 중단되었던 원고가 1975년에 출간되었다(Charles Darwin's Natural Selection : Being the Second Part of his Big Species Book, ed. by R. C. Stauffer)

최근에 다음 다윈 전집이 출간되어 그 보정판도 나왔다. The Works of Charles Darwin, ed. by P. H. Barrett and R. B. Freeman, 29 vols., Pickering and Chatto, London, 1986~1989. 이상 기타 『종의 기원』 집필 이전의 노트 등 다수가 나와 있다.

4. 전기의 주요 직접 자료

"The Life of Letters of Charles Darwin", 3 vols., edited by Francis Darwin, 1887.

"More Letters of Charles Darwin", 2 vols., edited by F. Darwin and Seward, 1903.

"Emma Darwin : A Century of Family Letters", 2 vols., edited by Henrietta Emma Darwin(Mrs. R. B. Litchfield).

"Charles Darwin's Diary of the Voyage of H. M. S. Beagle", edited from the MS, by Nora Barlow, 1933.

"The Autobiography of Charles Darwin", edited by Nora Barlow, 1958*

*머리말에 게재한 『다윈 자서전』 야스기 역

마지막으로 초판 즉 본서의 출판에서 중요한 참고문헌이 된 것을 소개하겠다.

Henshaw Ward, Charles Darwin, the Man and His Warfare, 1927.

Nora Barlow, Charles Darwin and the Voyage of the Beagle. unpublished Letters and Notebooks, 1946.

J. H. Ashworth, Charles Darwin as a Student in Edinburgh. Proc. Roy. Soc. Edinb., vol. 55, 1936.

최초의 개정판에서 다음을 참조했다.

Gertrude Himmelfarb, Darwin and the Darwinian Revolution, 1959.

고마이 다쿠駒井卓 『다윈』(培風館, 1959년)

일본의 지성을 읽는다

001 이와나미 신서의 역사
가노 마사나오 지음 | 기미정 옮김 | 11,800원

일본 지성의 요람, 이와나미 신서!
1938년 창간되어 오늘날까지 일본 최고의 지식 교양서 시리즈로 사랑받고 있는 이와나미 신서. 이와나미 신서의 사상·학문적 성과의 발자취를 더듬어본다.

002 논문 잘 쓰는 법
시미즈 이쿠타로 지음 | 김수희 옮김 | 8,900원

이와나미서점의 시대의 명저!
저자의 오랜 집필 경험을 바탕으로 글의 시작과 전개, 마무리까지, 각 단계에서 염두에 두어야 할 필수사항에 대해 효과적이고 실천적인 조언이 담겨 있다.

003 자유와 규율 -영국의 사립학교 생활-
이케다 기요시 지음 | 김수희 옮김 | 8,900원

자유와 규율의 진정한 의미를 고찰!
학생 시절을 퍼블릭 스쿨에서 보낸 저자가 자신의 체험을 바탕으로, 엄격한 규율 속에서 자유의 정신을 훌륭하게 배양하는 영국의 교육에 대해 말한다.

004 외국어 잘 하는 법
지노 에이이치 지음 | 김수희 옮김 | 8,900원

외국어 습득을 위한 확실한 길을 제시!!
사전·학습서를 고르는 법, 발음·어휘·회화를 익히는 법, 문법의 재미 등 학습을 위한 요령을 저자의 체험과 외국어 달인들의 지혜를 바탕으로 이야기한다.

005 일본병 -장기 쇠퇴의 다이내믹스-
가네코 마사루, 고다마 다쓰히코 지음 | 김준 옮김 | 8,900원

일본의 사회·문화·정치적 쇠퇴, 일본병!
장기 불황, 실업자 증가, 연금제도 파탄, 저출산·고령화의 진행, 격차와 빈곤의 가속화 등의 「일본병」에 대해 낱낱이 파헤친다.

006 강상중과 함께 읽는 나쓰메 소세키
강상중 지음 | 김수희 옮김 | 8,900원

나쓰메 소세키의 작품 세계를 통찰!
오랫동안 나쓰메 소세키 작품을 음미해온 강상중의 탁월한 해석을 통해 나쓰메 소세키의 대표작들 면면에 담긴 깊은 속뜻을 알기 쉽게 전해준다.

007 잉카의 세계를 알다
기무라 히데오, 다카노 준 지음 | 남지연 옮김 | 8,900원

위대한 「잉카 제국」의 흔적을 좇다!
잉카 문명의 탄생과 찬란했던 전성기의 역사, 그리고 신비에 싸여 있는 유적 등 잉카의 매력을 풍부한 사진과 함께 소개한다.

008 수학 공부법
도야마 히라쿠 지음 | 박미정 옮김 | 8,900원

수학의 개념을 바로잡는 참신한 교육법!
수학의 토대라 할 수 있는 양·수·집합과 논리·공간 및 도형·변수와 함수에 대해 그 근본 원리를 깨우칠 수 있도록 새로운 관점에서 접근해본다.

009 우주론 입문 -탄생에서 미래로-
사토 가쓰히코 지음 | 김효진 옮김 | 8,900원

물리학과 천체 관측의 파란만장한 역사!
일본 우주론의 일인자가 치열한 우주 이론과 관측의 최전선을 전망하고 우주와 인류의 먼 미래를 고찰하며 인류의 기원과 미래상을 살펴본다.

010 우경화하는 일본 정치

나카노 고이치 지음 | 김수희 옮김 | 8,900원

일본 정치의 현주소를 읽는다!

일본 정치의 우경화가 어떻게 전개되어왔으며, 우경화를 통해 달성하려는 목적은 무엇인가. 일본 우경화의 전모를 낱낱이 밝힌다.

011 악이란 무엇인가

나카지마 요시미치 지음 | 박미정 옮김 | 8,900원

악에 대한 새로운 깨달음!

인간의 근본악을 추구하는 칸트 윤리학을 철저하게 파고든다. 선한 행위 속에 어떻게 악이 녹아들어 있는지 냉철한 철학적 고찰을 해본다.

012 포스트 자본주의 -과학 · 인간 · 사회의 미래-

히로이 요시노리 지음 | 박제이 옮김 | 8,900원

포스트 자본주의의 미래상을 고찰!

오늘날 「성숙 · 정체화」라는 새로운 사회상이 부각되고 있다. 자본주의 · 사회주의 · 생태학이 교차하는 미래 사회상을 선명하게 그려본다.

013 인간 시황제

쓰루마 가즈유키 지음 | 김경호 옮김 | 8,900원

새롭게 밝혀지는 시황제의 50년 생애!

시황제의 출생과 꿈, 통일 과정, 제국의 종언에 이르기까지 그 일생을 생생하게 살펴본다. 기존의 폭군상이 아닌 한 인간으로서의 시황제를 조명해본다.

014 콤플렉스

가와이 하야오 지음 | 위정훈 옮김 | 8,900원

콤플렉스를 마주하는 방법!

「콤플렉스」는 오늘날 탐험의 가능성으로 가득 찬 미답의 영역, 우리들의 내계, 무의식의 또 다른 이름이다. 융의 심리학을 토대로 인간의 심층을 파헤친다.

015 배움이란 무엇인가
이마이 무쓰미 지음 | 김수희 옮김 | 8,900원

'좋은 배움'을 위한 새로운 지식관!
마음과 뇌 안에서의 지식의 존재 양식 및 습득 방식, 기억이나 사고의
방식에 대한 인지과학의 성과를 바탕으로 배움의 구조를 알아본다.

016 프랑스 혁명 -역사의 변혁을 이룬 극약-
지즈카 다다미 지음 | 남지연 옮김 | 8,900원

프랑스 혁명의 빛과 어둠!
프랑스 혁명은 왜 그토록 막대한 희생을 필요로 하였을까. 시대를 살
아가던 사람들의 고뇌와 처절한 발자취를 더듬어가며 그 역사적 의
미를 고찰한다.

017 철학을 사용하는 법
와시다 기요카즈 지음 | 김진회 옮김 | 8,900원

철학적 사유의 새로운 지평!
숨 막히는 상황의 연속인 오늘날, 우리는 철학을 인생에 어떻게 '사용'
하면 좋을까? '지성의 폐활량'을 기르기 위한 실천적 방법을 제시한다.

018 르포 트럼프 왕국 -어째서 트럼프인가
가나리 류이치 지음 | 김진회 옮김 | 8,900원

또 하나의 미국을 가다!
뉴욕 등 대도시에서는 알 수 없는 트럼프 인기의 원인을 파헤친다. 애
팔래치아 산맥 너머, 트럼프를 지지하는 사람들의 목소리를 가감 없
이 수록했다.

019 사이토 다카시의 교육력 -어떻게 가르칠 것인가-
사이토 다카시 지음 | 남지연 옮김 | 8,900원

창조적 교육의 원리와 요령!
배움의 장을 향상심 넘치는 분위기로 이끌기 위해 필요한 것은 가르
치는 사람의 교육력이다. 그 교육력 단련을 위한 방법을 제시한다.

020 원전 프로파간다 -안전신화의 불편한 진실-

혼마 류 지음 | 박제이 옮김 | 8,900원

원전 확대를 위한 프로파간다!
언론과 광고대행사 등이 전개해온 원전 프로파간다의 구조와 역사를
파헤치며 높은 경각심을 일깨운다. 원전에 대해서, 어디까지 진실인
가.

021 허블 -우주의 심연을 관측하다-

이에 마사노리 지음 | 김효진 옮김 | 8,900원

허블의 파란만장한 일대기!
아인슈타인을 비롯한 동시대 과학자들과 이루어낸 허블의 영광과 좌
절의 생애를 조명한다! 허블의 연구 성과와 인간적인 면모를 살펴볼
수 있다.

022 한자 -기원과 그 배경-

시라카와 시즈카 지음 | 심경호 옮김 | 9,800원

한자의 기원과 발달 과정!
중국 고대인의 생활이나 문화, 신화 및 문자학적 성과를 바탕으로, 한
자의 성장과 그 의미를 생생하게 들여다본다.

023 지적 생산의 기술

우메사오 다다오 지음 | 김욱 옮김 | 8,900원

지적 생산을 위한 기술을 체계화!
지적인 정보 생산을 위해 저자가 연구자로서 스스로 고안하고 동료
들과 교류하며 터득한 여러 연구 비법의 정수를 체계적으로 소개한다.

024 조세 피난처 -달아나는 세금-

시가 사쿠라 지음 | 김효진 옮김 | 8,900원

조세 피난처를 둘러싼 어둠의 내막!
시민의 눈이 닿지 않는 장소에서 세 부담의 공평성을 해치는 온갖 악
행이 벌어진다. 그 조세 피난처의 실태를 철저하게 고발한다.

025 고사성어를 알면 중국사가 보인다

이나미 리쓰코 지음 | 이동철, 박은희 옮김 | 9,800원

고사성어에 담긴 장대한 중국사!
다양한 고사성어를 소개하며 그 탄생 배경인 중국사의 흐름을 더듬
어본다. 중국사의 명장면 속에서 피어난 고사성어들이 깊은 울림을
전해준다.

026 수면장애와 우울증

시미즈 데쓰오 지음 | 김수희 옮김 | 8,900원

우울증의 신호인 수면장애!
우울증의 조짐이나 증상을 수면장애와 관련지어 밝혀낸다. 우울증을
예방하기 위한 수면 개선이나 숙면법 등을 상세히 소개한다.

027 아이의 사회력

가도와키 아쓰시 지음 | 김수희 옮김 | 8,900원

아이들의 행복한 성장을 위한 교육법!
아이들 사이에서 타인에 대한 관심이 사라져가고 있다. 이에 「사람과
사람이 이어지고, 사회를 만들어나가는 힘」으로 「사회력」을 제시한다.

028 쑨원 -근대화의 기로-

후카마치 히데오 지음 | 박제이 옮김 | 9,800원

독재 지향의 민주주의자 쑨원!
쑨원, 그 남자가 꿈꾸었던 것은 민주인가, 독재인가? 신해혁명으로
중화민국을 탄생시킨 희대의 트릭스터 쑨원의 못다 이룬 꿈을 알아
본다.

029 중국사가 낳은 천재들

이나미 리쓰코 지음 | 이동철, 박은희 옮김 | 8,900원

중국 역사를 빛낸 56인의 천재들!
중국사를 빛낸 걸출한 재능과 독특한 캐릭터의 인물들을 연대순으로
살펴본다. 그들은 어떻게 중국사를 움직였는가?!

030 마르틴 루터 -성서에 생애를 바친 개혁자-

도쿠젠 요시카즈 지음 | 김진희 옮김 | 8,900원

성서의 '말'이 가리키는 진리를 추구하다!
성서의 '말'을 민중이 가슴으로 이해할 수 있도록 평생을 설파하며 종교개혁을 주도한 루터의 감동적인 여정이 펼쳐진다.

031 고민의 정체

가야마 리카 지음 | 김수희 옮김 | 8,900원

현대인의 고민을 깊게 들여다본다!
우리 인생에 밀접하게 연관된 다양한 요즘 고민들의 실례를 들며, 그 심층을 살펴본다. 고민을 고민으로 만들지 않을 방법에 대한 힌트를 얻을 수 있을 것이다.

032 나쓰메 소세키 평전

도가와 신스케 지음 | 김수희 옮김 | 9,800원

일본의 대문호 나쓰메 소세키!
나쓰메 소세키의 작품들이 오늘날에도 여전히 사람들의 마음을 매료시키는 이유는 무엇인가? 이 평전을 통해 나쓰메 소세키의 일생을 깊이 이해하게 되면서 그 답을 찾을 수 있을 것이다.

033 이슬람문화

이즈쓰 도시히코 지음 | 조영렬 옮김 | 8,900원

이슬람학의 세계적 권위가 들려주는 이야기!
거대한 이슬람 세계 구조를 지탱하는 종교·문화적 밑바탕을 파고들며, 이슬람 세계의 현실이 어떻게 움직이는지 이해한다.

034 아인슈타인의 생각

사토 후미타카 지음 | 김효진 옮김 | 8,900원

물리학계에 엄청난 파장을 몰고 왔던 인물!
아인슈타인의 일생과 생각을 따라가 보며 그가 개척한 우주의 새로운 지식에 대해 살펴본다.

035 음악의 기초

아쿠타가와 야스시 지음 | 김수희 옮김 | 9,800원

음악을 더욱 깊게 즐길 수 있다!
작곡가인 저자가 풍부한 경험을 바탕으로 음악의 기초에 대해 설명하는 특별한 음악 입문서이다.

036 우주와 별 이야기

하타나카 다케오 지음 | 김세원 옮김 | 9,800원

거대한 우주의 신비와 아름다움!
수많은 별들을 빛의 밝기, 거리, 구조 등 다양한 시점에서 해석하고 분류해 거대한 우주 진화의 비밀을 파헤쳐본다.

037 과학의 방법

나카야 우키치로 지음 | 김수희 옮김 | 9,800원

과학의 본질을 꿰뚫어본 과학론의 명저!
자연의 심오함과 과학의 한계를 명확히 짚어보며 과학이 오늘날의 모습으로 성장해온 궤도를 사유해본다.

038 교토

하야시야 다쓰사부로 지음 | 김효진 옮김

일본 역사학자의 진짜 교토 이야기!
천년 고도 교토의 발전사를 그 태동부터 지역을 중심으로 되돌아보며, 교토의 역사와 전통, 의의를 알아본다.

IWANAMI 039

다윈의 생애

초판 1쇄 인쇄 2019년 5월 10일
초판 1쇄 발행 2019년 5월 15일

저자 : 야스기 류이치
번역 : 박제이

펴낸이 : 이동섭
편집 : 이민규, 서찬웅, 탁승규
디자인 : 조세연, 백승주, 김현승
영업 · 마케팅 : 송정환
e-BOOK : 홍인표, 김영빈, 유재학, 최정수, 이현주
관리 : 이윤미

㈜에이케이커뮤니케이션즈
등록 1996년 7월 9일(제302-1996-00026호)
주소 : 04002 서울 마포구 동교로 17안길 28, 2층
TEL : 02-702-7963~5   FAX : 02-702-7988
http://www.amusementkorea.co.kr

ISBN 979-11-274-2525-8 04990
ISBN 979-11-7024-600-8 04080

DARWIN NO SHOGAI
by Ryuichi Yasugi
Copyright © 1950, 2018 by Sadao Yasugi
First published 1950 by Iwanami Shoten, Publishers, Tokyo.
This Korean print form edition published 2019
by AK Communications, Inc., Seoul
by arrangement with Iwanami Shoten, Publishers, Tokyo.

이 책의 한국어판 저작권은 일본 IWANAMI SHOTEN과의 독점계약으로
㈜에이케이커뮤니케이션즈에 있습니다.
저작권법에 의해 한국 내에서 보호를 받는 저작물이므로 무단전재와 무단복제를 금합
니다.

이 도서의 국립중앙도서관 출판예정도서목록(CIP)은 서지정보유통지원시스템 홈페
이지(http://seoji.nl.go.kr)와 국가자료공동목록시스템(http://www.nl.go.kr/kolisnet)
에서 이용하실 수 있습니다. (CIP제어번호: CIP2019013846)

*잘못된 책은 구입한 곳에서 무료로 바꿔드립니다.